デス・ゾーン

栗城史多のエベレスト劇場

河野 啓
SATOSHI KONO

集英社

デス・ゾーン

栗城史多のエベレスト劇場

河野 啓

SATOSHI KONO

集英社

エベレスト
ベースキャンプからの一般的なルート図

〈エベレストをネパール側（南西側）から見る〉

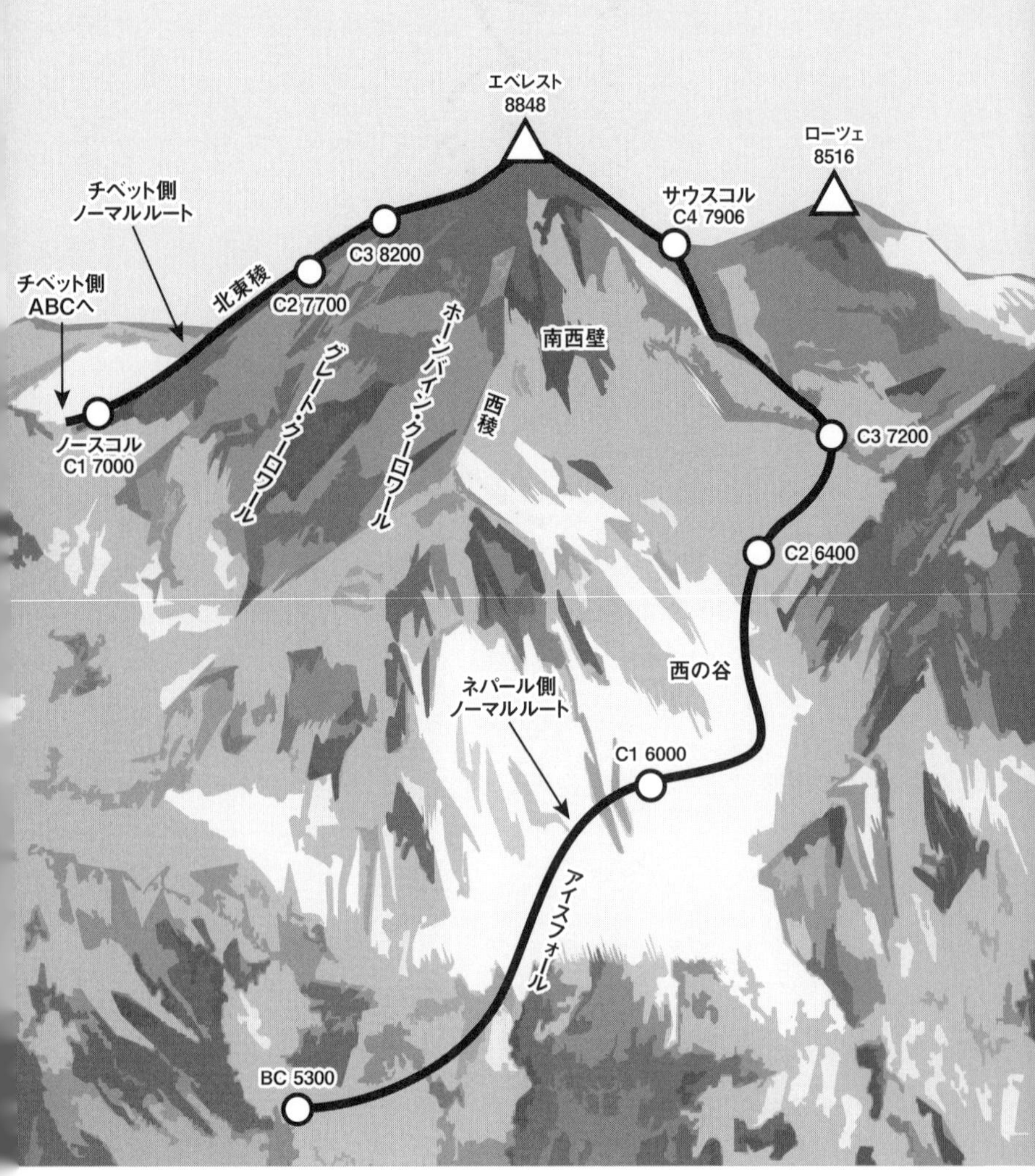

※図中の4桁の数字は標高（m）

目次

序幕

真冬の墓地

二〇二〇年二月。

彼の眠る墓地には、人影はおろか物音一つなかった。ちょうど一年前ここを訪れたときと同じように、粉雪が降っていた。

唯一違うのは、お供えの花がなかったことだ。

一年前は、青の秋菊が花立てで凍りついていた。正面からは何の花かわからなかったが、枯れた茎の裏側を覗《のぞ》き込むと花冠《かかん》が三つだけ、風雪に飛ばされずに残っていた。彼のファンが供えたのかもしれない。花弁のわずかな隙間にまで雪を詰め込んだ青い花を見て、私はエベレスト（チョモランマ）のベースキャンプから搬送される彼の亡骸《なきがら》が青いシートに包まれていたことを思い出した。

栗《くり》城《き》史多《のぶかず》さん。

「夢」という言葉が大好きだった登山家。

「怖《こ》ええ」

「ちくしょう」

「つらいよう」

自撮りのカメラにそんな台詞《せりふ》を吐きながら、山を劇場に変えたエンターテイナー。

不況のさなかに億を超える遠征資金を集めるビジネスマンでもあった。

しかし彼がセールスした商品は、彼自身だった。その商品には、若干の瑕疵《かし》があり、誇大広告を伴い、残酷なまでの賞味期限があった。

彼はなぜ凍傷で指を失ったあともエベレストに挑み続けたのか？

最後の挑戦に、登れるはずのない最難関のルートを選んだ理由は何だったのか？

滑落死は本当に事故だったのか？

そして……彼は何者だったのか？

過去のどんな登山家よりもメディアに露出し、インターネットの世界では大きな称賛を受ける一方で激しい非難も浴びた彼の、「不思議」の中にある「真実」を私は探してみたくなった。

《十年ぶりに、あなたの取材を始めました》

一年前、墓前で彼にそう告げた。

そして私は彼と関わったたくさんの人と出会い、それまで想像もしなかった事実を突きつけられた。取材しながら、時に言葉を失い、時に心が震えた。

季節は巡り、彼がこの世を去って二度目の冬——私はまもなくこの原稿を書き上げる。その報告をしに、ここに来た。

これから私が語る内容には、彼にとって耳の痛い話も含まれているだろう。

しかし、遺書も遺言も残さなかった彼が、本当は自分の口で伝えたかった「ありがとう」や「ごめんなさい」も含まれているはずだ。私はそう信じている。

私は合掌した。粉雪が降り積もる墓に向かって——。

ふと後ろに気配を感じた。振り向くとキタキツネがこちらをうかがっていた。酔狂な真冬の墓参者にエサがもらえると期待して近づいて来たようだ。

第一幕

お笑いタレントになりたかった登山家

マグロが理想？

二〇一八年五月二十一日、栗城史多さんがエベレストで滑落死した。三十五歳という若さだった。

かつて私は、北海道放送のディレクターとして栗城さんを約二年にわたって取材した。二〇〇八年から二〇〇九年にかけてである。

彼を取材しようと思ったきっかけは、二〇〇八年五月初旬、出張帰りの列車の中で目に留まったカタログ誌だった。座席前のポケットにJR北海道の車内誌と一緒に収まっていた。

『単独無酸素で七大陸最高峰を目指す！』と、栗城さんを紹介した記事が載っていた。

栗城さんはこの五カ月ほど前の二〇〇七年暮れ、南極大陸の最高峰、ビンソンマシフ（標高四八九二メートル）に「二度目の挑戦で登頂を果たした」とあった。

これまで登った山と合わせて、栗城さんは六つの大陸の最高峰に立ち、残すはアジア大陸最高峰にして世界の頂《いただき》であるエベレストのみ。そのエベレストには今年（二〇〇八年）の秋に挑戦する――と書かれてあった。

単独無酸素？　七大陸最高峰？

登山の知識がなかった私にはどうもピンと来なかった。だが唯一、強烈に引き付けられる記述があった。

「ボクの理想はマグロです。少しの酸素でいつまでも泳いでいられるマグロのような体を作りたいんです」

すごいことを言う人だな、と驚嘆した。山に登る登山家が海の魚を「理想」と語るのだ。

「独学ですが」と前置きして、彼流の栄養学も語られていた。

「重たい筋肉は登山家にとって妨げにしかならないので、肉は一切口にしません。野菜と大豆が中心で、あとは魚。中でもマグロは食材としても理想です。ただ、高価なのであまり口にはできませんけど（笑）」

栗城流栄養学について、のちに医師と栄養士に聞いてみると「肉（特に豚肉）は疲労回復に効果的なビタミンB^1を豊富に含むので、むしろ登山家に最適の食材では？」と否定的な見解だった。しかし、目標を達成するために食生活にも気を配る栗城さんを、私は芯のある人だと感心した（二〇一二年ごろから肉も食べるようになったそうだ）。

カタログ誌には講演の依頼や登山費用のカンパの窓口として、栗城さん自身のホームページのアドレスが載っていた。私はそこにメールを送った。

その日のうちに事務所の男性、児玉《こだま》佐文《さふみ》さんから返信があり、その一時間後には『山に登る栗城と言います。ご連絡ありがとうございます』と本人からもメールが届いた。

何日か経って、栗城さんが私の勤める放送局まで足を運んでくれた。このとき、二十五歳。

私の中での登山家や冒険家の像というと、映画にも描かれた植村《うえむら》直己《なおみ》氏（一九四一～一九八四年）の印象が強いからか、「ドッシリ」「ずんぐり」そして「寡黙」というものだった。高倉健さんを倍に太らせ、「自分、不器用ですから」と伏し目がちに呟《つぶや》いているイメージだ。

しかし目の前の栗城さんは、小柄で童顔。クリクリした目と人懐っこい笑顔は小動物を思わせた。少し鼻に抜ける高い声で話す。普通に話していても、笑っているように聞こえた。

街中でもリュックを背負っていた。いつもそうだと言う。

「『重いものでも入っているんですか？』ってよく聞かれるんですけど、パソコンぐらいです。

三浦雄一郎さんみたいに鍛えているわけではないので」と微笑《ほほえ》んだ。

局のそばにあるホテルのラウンジで、パフェを食べた。

「スイーツ好きなんですよ。あとコーラも」

その流れで「お酒は？」と聞くと、

「七大陸最高峰に登頂するまでは、二年前に断ちました」

栗城さんは二〇〇九年ごろまで、ホームページなどで「小さな登山家」と自称していた。身長は百六十二センチで、体重は六十キロ前後。聞けば中学時代は野球部に所属したが三年間ずっと補欠。高校では空手部に入ったが、体が硬く基本の股割り（股関節を広げる動き）さえ満足にできなかったという。体は小さく、運動能力が高いわけでもないらしい。

六つの大陸の最高峰に登頂した力の源はどこにあるのか？

「うーん、自分でもわからないんですけど、強いて言えば精神力ですかねえ」

「根性で登ると？」

「根性とは少し意味が違うんですけど。ボクは登っているときいつも、ありがとう、ありがとう、って感謝しながら、時には口にしながら登っています。マイナスなことは一切考えないんですよ。ボクが考えなくても、登れるかどうかは山が決めてくれますから」

「登山は、心の持ちよう、ってことですか？」

「心と体はつながっているので、ボクはヨガの腹式呼吸を時々交えながら登っています。三秒吸って、二秒止めて、十五秒かけて吐く。ありがとう、苦しみをありがとう、この先には喜びが待っている、ありがとう、って。まあ、一種の自己暗示ですけど」

四百戦無敗の柔術家ヒクソン・グレイシー氏の顔が浮かんだ。ヒクソン氏もヨガを実践し、どんな難敵を前にしても冷静だった。

「そもそも、登山を始めたきっかけは何ですか？」

「高校生のときにつきあっていた彼女が山に登る人だったんです。でも、フラれちゃって」

彼はそこで言葉を区切ると、ニッコリして私の反応を待った。

「もしかして、その彼女を見返してやろうと？」

栗城さんは「はい」と大きく頷《うなず》いた。

「それともう一つ、なぜ山になんか登っていたんだろう？　って彼女の気持ちを知りたくなったんです」

「ひきずるタイプなんですね？」

「女々しいんです、ボク」

ハハハハ、と二人同時に笑った。この失恋話は彼が講演で必ず披露するエピソードだ。

きっかけは彼女だったとしても、一過性で終わらず山にのめり込んだのには、それなりの理由があったはずだ。他にもスポーツはある。登山のどんなところが魅力だったのか？

「そうですねえ。大学の先輩が真夏でも冬山用の服を着ている変な人だったんですよ。そのくせ足元は便所サンダル履いてたりして。無口で、哲学の本とか読んでる人で、最初は、気持ち悪いなこの人、って思ってたんですけど、だんだんかっこよく見えてきちゃって」

「元カノよりも先輩が好きになっちゃったんですね？」

私の冗談に、栗城さんは幼子のようにあどけない顔で笑った。

「決定的だったのは、一年生のときに二人で行った年越しの冬山ですね」

栗城さんが自らの著書の中でも触れ、講演でもたびたび話す登山体験である。

二〇〇二年の暮れから二〇〇三年の正月にかけての一週間、栗城さんはそのG先輩と一緒に、札幌市と隣接する喜茂《きも》別町《べっちょう》の境にある中山峠から、小樽の銭函《ぜにばこ》までの六十キロを縦走した。
『初めての命がけの登山』と栗城さんは書いている。
『縦走五日目。今回の縦走ルートの一番の難所、余市岳《よいちだけ》の壁を登っていく。風は今までで一番強い。（中略）「もうダメです」と口にしても主将は僕を振り向くことはなく、励ましの言葉もかけてくれない。主将はアドレナリンが出てきたのか、奇声を発し、登っていく。もう人間じゃない』（『一歩を越える勇気』二〇〇九年・サンマーク出版）
「二度とやるものか」と縦走中は参加したことを後悔したが、ゴールである銭函の海を目にしたとたん、何とも言えぬ達成感と充実感で胸が満たされたという。

栗城さんは以後、G先輩を師と仰ぎ、登山の経験を積んでいく。

私は、彼が掲げる『単独無酸素での七大陸最高峰登頂』に質問を移した。

「成功したら、日本人初なんですね？」

「はい。世界でも（ラインホルト・）メスナーさんというイタリアの人が達成しただけです」

「じゃあ、史上二人目ですか？」

栗城さんがパフェのアイスクリームを口の中で溶かしながら、照れたように頷く。その仕草が何ともかわいらしくて、今も鮮明に覚えている。

「単独無酸素、ということですが、まず、なぜ単独なんです？」

「山と一対一で向き合いたいんですよね。全身全霊で山を感じたいっていうか。山って、登れば登るほどその大きさを教えてくれるんですよ。同時に人間の小ささもわかってきて。ボクは山に登るたびに自分自身が謙虚になっていく実感があります」

目の前に山があるかのような厳《おごそ》かな話しぶりに、私は感じ入った。

「では、酸素ボンベを使わない理由は？」

途端に、栗城さんの声が裏返った。

「いやあ、酸素ボンベって一人で持って上がるには重いでしょう？　単独だとかえってキツイし。何より一本二万円近くするんですよ。買えないな、と最初から諦めて、これまで我慢してボンベなしで登ってきました。ドM《エム》（マゾヒスト）なのかもしれません。フフフ」

柔術家の気高さを漂わせたかと思えば、一転、自虐ネタを投げてくる。話していて飽きることがなかった。

その数日後、段ボール一箱分のビデオテープとＤＶＤが届いた。

初めての海外登山だった二〇〇四年の北米大陸最高峰マッキンリー（現・デナリ、六一九〇メートル）から始まる、栗城さんのすべての登山の映像素材だ。

それは、かつて目にしたことのない世界だった。

栗城さんは山に登る自分の姿を、自ら撮影していた。

山頂まで映した広いフレームの中に、リュックを背負った栗城さんの後ろ姿が入ってくる。ほどよきところで立ち止まった彼は、引き返してカメラと三脚を回収する。

クレバス（氷河の割れ目）に架かったハシゴを渡るときは、カメラをダウンの中に包み込んでレンズを下に向けている。ハシゴの下は深さ数十メートルの雪の谷。そこに「怖《こ》ええ！」と叫ぶ栗城さんの声が被《かぶ》さっていく。

栗城さんは自分の泣き顔まで撮っていた。南極大陸最高峰のビンソンマシフには二回挑戦しているが、二回とも泣いている。

一回目、二〇〇六年の挑戦で流したのは、悔し涙だ。定められている滞在期間が切れてしまい、係員に撤退するよう求められた。

「ボクは登りたいんですけど……係の人が下りろって……」

下山しながら、ケンカで負けた子どものように泣きじゃくっていた。

二〇〇七年暮れ、今度は歓喜の涙を流した。南極では単独登山が認められていない。このときは撮影スタッフ二人とベースキャンプ（ＢＣ）に入って隊の体裁を作った。そこから一人で登ったが、見咎《みとが》められることはなかった。

登山は順調に進み、栗城さんのカメラが前方に近づいてくる山頂のサインをとらえた。

「あれだよお！」

震えた声が被さると同時にカメラがパンして、泣きながら登る彼の顔にしっかりと向けられた。

それは一言で言えば「栗城劇場」。山を舞台にしたエンターテインメントだった。

栗城さんがパフェを食べながら言った言葉が、私の脳裏に蘇《よみがえ》った。

「ボクにとって、カメラは登山用具の一つですから」

カメラを手に、山を劇場に変える、新時代の登山家――。

栗城さんがこの舞台を目指すようになるまでの歩みを、本人と関係者への取材を基に振り返ってみたい。

家族の肖像

栗城史多さんは、一九八二年六月九日、北海道南部の瀬棚《せたな》郡今金《いまかね》町《ちょう》に生まれた。町の中心部にある時計と眼鏡の店が彼の生家だ。

父親の敏雄《としお》さんには障害がある。上体が捻《ねじ》れていて左肩の位置が右肩より下がっている。身長も百四十センチほどだ。三歳のとき農耕馬に蹴られて脊椎を損傷した影響である。当時治療に当たった医者からは「六歳まで生きられない」と宣告されたという。

しかし敏雄さんは、障害にも、侮辱やからかいの言葉にも、弱音を吐かなかった。本州方面の時計店に住み込みで働きながら技術を学び、故郷に戻って現在の店を開いた。

四十歳のときに、史多さんが誕生する。

息子が成人するまで生きていられるだろうか、と敏雄さんの中には不安もあったそうだ。

幼い日の史多さんは、七歳年上の兄と「ごっこ遊び」をするのが好きだった。一方で、敏雄さんによれば、家に人が来るのを嫌がったという。

「私がこんな体だから、『あのおじさん、変だ』って言われるのがつらかったんだろうね。押し入れの中に入ったまま出てこないこともあったよ」

そんな息子に、敏雄さんはあえてこう言い続けた。

「お前は五体満足に生まれてきたんだから、それを無駄にしちゃ絶対にダメだぞ」

繰り返しそう言われて、自分の気持ちに折り合いをつけたのか、史多さんはヤンチャでお祭り好きの少年に育っていく。町内の祭りで法被《はっぴ》を着て踊る姿が、栗城家の家族アルバムに収められていた。

敏雄さんには、誰もが「ええっ！」と仰天するエピソードがある。

「温泉を掘り当ててやる」

そう決意した敏雄さんは、自宅のそばを流れる後志《しりべし》利別川《としべつがわ》の岸辺のあちこちを、なんと十六年も掘り続けたと言うのだ。店はほとんど従業員に任せ、毎日のように河川敷に向かった。家族アルバムをめくると、スコップとプラスチックのパイプを持った敏雄さんを、小学校低学年と思しき史多さんがそばで見ている写真がある。

一九九四年、敏雄さんはついに源泉らしきものを発見する。

町の予算がついて本格的なボーリング調査が始まった。やがてその場所には今金町の中心部で唯一の温泉施設ができ、二〇〇八年には温泉に隣接してホテルも建築された。敏雄さんはそのホテルのオーナーとなった。

「尊敬するのは父親です」

栗城さんは講演で必ず敏雄さんの話をする。温泉を掘り当てた話、そしてもう一つ、栗城家の墓の話も欠かさない。

母親の民子《たみこ》さんが眠るその墓には、墓石に文字が彫ってある。

大きく、『夢』と。敏雄さんの発案だった。

「普通は、『偲』とか、『祈』とかって彫るんだわ。石材屋にも『墓石に夢ですか？』って変な顔されたけど、ここにお参りに来たときは故人を偲《しの》ぶだけじゃなくて、命ある限り夢を持って生きよう、と自分を鼓舞したいと思ったんで、『夢』って彫ってもらったの」

そんな父親のことを話すのとは対照的に、栗城さんは母親の民子さんについてはほとんど語らない。私が取材した二年間で彼の講演に八回足を運んだが、母親について話すのを聞いたことがない。

「どんな人だったんですか？」と尋ねたことがある。

普段は取材のカメラに饒舌《じょうぜつ》な栗城さんが、「優しい人でした」としか言わなかった。

一方で彼自身の著書には、母親のことがしばしば綴《つづ》られている。

民子さんは、栗城さんが幼いころから体が弱く病気がちだった。しかしその母親に「こんな力があったのか？」と驚かされた思い出がある。幼い栗城さんが風邪を引いたのに薬を飲むのを嫌がり、『おもちゃを買ってくれたら飲む！』と駄々をこねたときだった。民子さんは突然我が子をおんぶして、おもちゃ屋に駆けだしたのだ。その母親の背中は『今でも忘れることができない』と書いている（『一歩を越える勇気』）。

のちに栗城さんが、指に重度の凍傷を負ったにもかかわらず切断手術に踏み切らなかったのも、母親との思い出が関係しているという。

『僕は3歳の頃に、事故で右の人差し指を切断してしまったことがある。幸いにも処置が早く、指は縫合できたのだけれど、今は亡き母が当時、必死に看病してくれたことを覚えている。（中略）人差し指を切り離すということは、母に対して申し訳なく思えたのだ』（『弱者の勇気』二〇一四年・学研パブリッシング）

彼の幼馴染である齊《さい》下《か》英樹さんは「お泊まり会」で栗城家をよく訪ねたそうだが、「お母さんの印象はほとんどない」と話す。

「お母さんは部屋にこもって出てこなかったですね。二、三度、足を引きずって歩くような姿を見たかなあ、記憶はおぼろげですけど……。亡くなった日のことだけは、もう高校生になってましたし、よく覚えています。『プライベート・ライアン』って映画のビデオが出た年で、『ビデオ借りに行こうぜ』って他の友だちと話してるときに葬儀になりましたから」

民子さんは結婚するまでは教師をしていた。教育熱心でしつけにも厳しかったそうだ。ピアノに水泳、空手やスキー……史多さんには習い事が毎日のように待っていた。

「ノブは中学生になるころから母親に反発するようになった」と父親の敏雄さんは話す。

「小さいころからたまっていた鬱憤が、反抗期に一気に噴き出したんだろうね」

栗城さんが語る「優しい人」、幼馴染の「部屋から出てこない」話、そして敏雄さんの「妻はしつけに厳しかった」という証言……三人の言葉がどうも私の中で一つの人物像を結ばなかった。だが、取材する人間には語らぬ一方で自著には登場させていることからも、民子さんが栗城さんにとって「特別な存在」だったことは想像に難くない。

民子さんの肺にがんが見つかったのは、史多さんが中学から高校に上がるころだった。民子さんは札幌のがん専門病院に移り、様々な治療法を試みた。

母親ががんに侵されたと知っても、史多さんは反抗的な態度を変えられなかったという。

「『見舞いに行くぞ』って言っても、『母さんなんか死んでもいいんだ』って……。でも亡くなる直前になってガラリと変わったね、やっぱり親子だなって思ったよ」と敏雄さんは振り返る。

高校二年生の春、史多さんが敏雄さんに連れられて渋々札幌の病院に行ってみると、民子さんは変わり果てた姿になっていた。腕は枯れ枝のように細くなり、抗がん剤の影響で髪の毛も抜け落ちていた。史多さんは耐え切れなくなって、すぐに部屋を出てしまった。

なぜもっと頻繁に会いに来なかったのか……『自分の愚かさを恨み、そして泣いた』と著書にはある（『一歩を越える勇気』）。

夏が近くなって、民子さんは今金町内の病院に移った。もう手の施しようがないと医師から説明を受けていた。札幌のホスピスで痛みを緩和しながら過ごす選択肢もあったが、民子さんは家族のいる地元を選んだ。時々襲ってくる痛みにも弱音を吐くことはなかった。

史多さんは、学校の行き帰りに必ず病院を訪れ、民子さんと語り合ったという。

そして七月五日。

病室の民子さんは震える手で酸素マスクに手を当てた。母の思いを察して史多さんがマスクを取ると、民子さんは口の動きだけで「ありがとう」と伝え、目を閉じた……その目が再び開かれることはなかった。

史多さんは天に昇る母に、三つのことを誓った——。

『一生懸命に生きる、弱音を吐かない、そして最期に「ありがとう」と言える人生を送ること』(『一歩を越える勇気』)

学校祭のスターは夢を抱いた

「いやあ、信じらんねえ……あいつがテレビカメラに囲まれてるなんて……」

新千歳空港の出発ロビー。栗城さんを見送る一団の中から、そんな声が聞こえた。二〇〇九年四月、栗城さんがエベレスト初挑戦を前にした最終調整で、ネパール北部ヒマラヤ山脈のダウラギリ(八一六七メートル・世界七位)に出発する日だった。声のした方を振り向くと、いずれも純朴そうな二人の若い男性が立っていた。二人が栗城さんに向かって手を振ると、人垣の向こうで彼は小さく頷いた。話は聞けなかったが、かつての同級生だと思われた。

学生時代の栗城さんについて知りたいと思ったのは、「信じらんねえ」というその一言がきっかけだった。

札幌から南西方面へ車で四時間ほど走ると、恐竜が寝そべったようなどっしりとした峰々が右手に見えてきた。ギザギザしたその連なりの麓に、栗城さんの母校があった。

北海道檜山北《ひやまきた》高校。実家のある今金町には高校がないため、栗城さんは町内の大半の若者がそうするように、隣町、せたな町《ちょう》にあるこの高校に入った。

二〇〇九年七月。私を出迎えてくれたのは、高校での三年間、栗城さんの担任だった森聡先生である。当時四十五歳、私と同年輩の実直そうな先生だった。

「いやあ、栗城には振り回されっぱなしでしたよ」と森先生は優しそうな目を細めた。

「普段はそんなにしゃべらないんですが、学校祭が近づいてくると、急に張り切りだすんですよ。うちの学校祭ではクラス対抗で演劇のコンテストがあるんですが、その準備期間中ずっと、私は彼のパシリをさせられるんです。あれ用意しろ、あそこまで車を出せ、の連続で」

いったん話を切ると、森先生は懐かしそうに笑った。その笑顔を会話の句読点として挟みながら、教え子との思い出を振り返ってくれた。

「栗城は脚本も演出も手掛けて、主役も自分で演じていました。三年間ずっとそうです。しかも後になって気づくんですが、一年、二年、三年とストーリーが続き物になっているんですよ。一年目は原始人が出てきて、二年目はラーメン屋が舞台で、三年目は『踊る大捜査線』のパロディで刑事の話なんですが、実はつながっている。いろいろあった奇妙な出来事は、全部栗城が演じるワルの親玉が仕組んだことだったって、三年目でわかるんです。これには本当にビックリしました」

三年生のときの演劇は最優秀賞に輝いた。栗城さんはこの劇に並々ならぬ力の入れようで、夜の十一時に練習のためクラスメートたちを体育館に呼び出したこともあったそうだ。

森先生が最も印象に残っているのは、その準備中のある出来事だった。

「栗城が『商店会の倉庫に連れて行ってくれ』って言うんですよ。いつもそうなんですけど、彼は『何のために？』とか『理由は？』とか聞いても一切教えてくれないんです。仕方なく倉庫に行ってみたら、ピンクの大きなうさぎの被り物がありました。商店会の売り出しセールに使う、胴体が布になっているやつで……。彼の家は店をやってるから、詳しいんですよ、その辺の事情。

あそこへ連れて行け、って言うだけで理由を言わないのは、それが彼のネタだからなんです。オチをつけるまでタネ明かしをしたくないっていうか、周りのリアクションを楽しむんですね。うさぎの被り物のときも、ボクが『これを使いたかったのか？』って聞いたら、ヤツはニヤッとしてました」

幼稚園から高校までずっと一緒だった齊下さんも、この劇に出演している。

「クラスに西田っていうやたら背の高いヤツがいて、そいつに被せたんです。でかいヤツがでかい被り物つけたらメチャクチャ巨大じゃないですか？　ウケてましたよ。栗城とは中学のときの行事でも、一緒に漫才やりました。放送禁止用語の連発で、ドッカンドッカン笑いが来てました」と笑う。

そんな栗城さんが高校卒業後に進んだのは、吉本興業のグループ会社が運営するエンターテイナー養成所「ＮＳＣ東京校」だった。

「お笑い芸人になりたい、って言っていましたね」

森先生に聞いて、私は初めてこの事実を知った。事務所の児玉佐文さんも知らなかった。

芸人を夢見た栗城さんの足跡をたどって、私はカメラマンを伴ってＮＳＣ東京校に向かった。取材のカメラを見た生徒たちの反応は驚くほど素早かった。小躍りしながら近づいてきて「テレビ大好きです！」とレンズに顔を押し付ける者。ムンクの絵「叫び」のようなポーズを決めて撮られるのをじっと待つ者。校内のテンションの高さは尋常ではない。

事務の責任者が、過去の入学願書のファイルをテーブルの上に広げてくれた。栗城さんが入学したのは二〇〇一年だ。ボールペンで書かれた自筆の願書が残っていた。受験番号『１８９』。制服を着て生真面目な表情を浮かべた顔写真が貼られている。

「希望コース」の欄には、お笑い、俳優、構成作家、キャスター・リポーター、ＤＪの五つの選択肢があり、「お笑い」に○がついていた。「応募したきっかけ」は、『才能豊かな相方を探すため』。「自己ＰＲ」の欄には、『高校一年生の頃から自作の喜劇を作り、3年生まで優秀な成績を残し、学祭で活躍して来ました。将来はお笑いとアートを融合した新しい笑いを追求したいと思います』とある。

　事務の責任者は関西弁で話す男性だった。

「この方、途中で退学してはりますね。ＮＳＣ東京の第七期ですわ。同期に○○や△△がいてます」

　○○さんも△△さんも私は知らなかった。先輩や後輩にはテレビで看板番組を持つ売れっ子がいたが、取材当時で芸歴八、九年になるこの代からはスターが出ていなかった。

　ＮＳＣを退学した栗城さんは、牛丼屋や警備員のアルバイトをしながら、川崎市高津区にあったアパートで次の人生の構想を練った。

「しかし、驚きですねえ、登山家になられたとは……すごいなあ」

　ＮＳＣの事務責任者が、興味深げに願書の写真を見つめていた。

　私の取材から二年後の二〇一一年、栗城さんはこのＮＳＣを運営する「よしもとクリエイティブ・エージェンシー（現・吉本興業）」と業務提携を果たす。ある意味、十代のころの夢を叶えたのだ。

当時の新聞を調べてみると『きっかけは、たまたま同社幹部と栗城氏が知り合ったことだった』とある。登山映像の管理やメディア対応、バラエティー番組などへの出演をテレビ局に働きかけることが提携の内容だとも書かれている。

現在の同社「文化人」担当マネージャーに聞いてみた。

「提携の経緯がわかる人間はもう誰もいないんですが」と前置きした上で言った。

「私が担当になってそこそこ経ちますけど、映像の管理は栗城さんの事務所の方でやっています。『クレイジージャーニー』とかテレビ番組への出演交渉も、事務所直接ですね。うちが毎年必ず栗城さんにお願いしていたのは、新入社員への講演です。最後にエベレストに発《た》つ少し前にもお願いしました」

二〇一八年四月九日の講演が最後だったという。出国は四月十七日だった。

「偲ぶ会のお手伝いをさせていただいた後、栗城さんの事務所とは関係が切れています」

第二幕

奇跡を起こす男と応援団

二つの大学

北海道に戻った栗城さんは、二〇〇二年、一年遅れで札幌国際大学に入学した。

お笑いのプロは諦めたものの、栗城さんは入学直後からその方面での才能を存分に発揮していたようだ。高校時代の森聡先生同様、「彼に振り回された」と語るのは、人文社会学部の当時の助教授である。栗城さんとの初遭遇は、妙な噂を耳にした後だったという。

「入学してまもないころです。初対面の女の子にそこいらに落ちている石をプレゼントしている変な学生がいるって」

学術的根拠に乏しい俗説だそうだが、石をメスにプレゼントするのはペンギンの求愛行動と言われている。

「その〝ペンギン〟を捕獲しに行ったら、栗城君でした」

助教授は大学の「ＤＪサークル」の顧問を務めていた。ブレイクダンスを踊る学生たちのために教室の床に段ボールを張っていたら、Ｔシャツ姿の男がタタタッと駆けてきて、バックスピン（背中でクルクル回る技）を決めた。

だが、彼が回った床にはまだ段ボールが張られていなかった。背中に血が滲《にじ》むほどの擦《す》り傷を、彼は負った。

「そのおバカなダンサーも、栗城君でした」

同い年の亀谷《かめや》和弘さんはＤＪサークルの二年生だった。

「栗城は空手部だったんですけど、ボクらのサークルにも出入りするようになったんです。あいつ、ＤＪのバックに映像を流すＶＪっていうのにハマっちゃって、札幌のクラブにも二、三回出ましたよ」

栗城さんとクラブとは、意外な取り合わせである。さすがにリュックは背負っていなかったようだ。曲の雰囲気に合わせて恍惚《こうこつ》感のあるＣＧ映像を流していたという。おそらく著作権フリーの映像をパソコンで編集したのだろう。助教授の研究室からプロジェクターを無断で持ち出して、夜、大学の校舎の壁に映像を映し出したこともあったそうだ。

　大学祭では、犬小屋を改造して作った神輿《みこし》の上に仁王立ちして、夜のキャンパスを練り歩いた。栗城さんは、ふんどし一丁、アフロヘアにサングラスという出で立ちだった。神輿には手持ちの花火がいくつも据えつけられ、勢いよく火の粉を撒《ま》き散らしていた。

「当然、裸の栗城にも火が飛びますよね。だから上半身やけどだらけですよ。本当バカです」

　と亀谷さんは振り返る。

　栗城さんには当時恋心を抱く女性がいた。Kさんだ。今は結婚し、東北地方で子育てに追われる毎日を送っている。

「栗ちゃんがグラウンドで野球をしてたんです、空手部の友だちと三人で。『人が足りないから入ってよ』って声をかけられたのが初対面でした。どんな人か？　子どもがそのまま大人になった、っていうときれいすぎるな……自分でも言ってましたけど、変態でしたね」

　栗城さんは大学で登山を始めるが、彼が入ったのは、札幌の隣、江別市にある酪農学園大学の山岳部である。札幌国際大学では空手部だった栗城さんは、学友たちに山の話はほとんどしていない。

　しかし亀谷さんは一度だけ、酔っぱらった栗城さんが山について語る姿を見たことがある。

「酒飲んでへべれけになった栗城がくだを巻いたんですよ。自分をフッた昔の彼女がなんで山に登っていたのか？　山なんてどこがいいのか？　何が楽しいのか？　いくら登ってもわからない、って」

大学二年生の冬だった。栗城さんはＤＪサークルのメンバーと小樽のロッジに宿泊していた。「山なんて楽しくない」は酔った末の戯言《ざれごと》なのか、本音も混じっているのか……。

「これはビデオにも撮ったんですけど、あいつ酔った勢いで全裸になって、逃げる女の子たちを追いかけ回したんですよ。その当時『ファインディング・ニモ』っていう魚のアニメがヒットしてたんですけど、ニモに会いたい、ニモに会いたい、ニモ！　ニモ！　って。酔ってるくせに局部がカメラに映らないようにうまく走るんで、笑っちゃいました」

朝になって亀谷さんたちが目覚めると、栗城さんの姿がなかった。しばらくしてロッジに戻ってきた彼の手には、ビデオカメラが握られていた。

「皆で見てみようか、って話になって、再生したら大爆笑でした。あいつ、自撮りしてたんですよ。『おはようございます。これからこの山にニモを探しに行きます』って言って、スニーカーで雪山を登っていました」

自撮り登山家はこの三カ月後、マッキンリーに向かうのだった。

酪農学園大学の山岳部に入った経緯については、講演でもよく語られている。

大学生になって一カ月ほど経ったある日、栗城さんは高校時代の友人に会うため、酪農学園大学を訪れた。その構内で「山岳部員募集」の貼り紙を目にする。

「そういえば、うちの大学には山岳部はなかったな」

山が好きだったかつての交際相手の顔が目に浮かび、冗談半分で入部希望者の欄に名前と連絡先を記入した。主将だった三年生のGさんから不愛想な口調で電話が入ったのは、それから三カ月も経ってからだった。栗城さんは自分が連絡先を書いたことなどもう忘れていて、誰が何のためにかけてきた電話なのか、すぐには理解できなかったという。

当時、酪農学園大学の七年目四年生だった森下亮太郎さんは、珍妙な新入部員に心底驚いたと話す。

「随分気合が入ったヤツだな、って。よその大学から入部するなんて初めてのケースでしたから」

のちに森下さんは、栗城さんの「エベレスト劇場」に深く関わることになる。

森下さんの自宅アパートは、山好きの若者たちの溜まり場だった。そこには人工壁が設置されていた。森下さんが積雪量の調査やテレビ番組の撮影機材運搬など、山に関わるアルバイトをした稼ぎで購入したものだ。若者たちはここで様々なムーブを反復練習して技術を磨いた。栗城さんも二回、この壁を登りに来たそうだ。

「センスはなかったですね、ヤツは。体も硬いし」と森下さんは苦笑する。

「在学中は一緒に山には行かなかったけど、山関係のアルバイトを紹介したりはしてました」

栗城さんを直接山で指導したのは、もっぱらＧさんだった。しかし三年生になった二〇〇四年、栗城さんは師と仰いでいたＧさんと仲違《なかたが》いをしてしまう。

その原因だが、私が栗城さんから聞いた話と森下さんの証言とでは一致しない。

栗城さんは私にはこう言った。彼の著書にも同様の記述がある。

「Ｇ先輩からマッキンリーに誘われたんですよ。一緒に登ろうよ、って。迷ったんですけど……結局断ったんです。先輩の後ろについて登っても、そこは先輩の山でしかない、ボクはボクの山に登りたい……そう思って単独で行くことにしました」

「そのマッキンリーはボクの話です」と森下さんに言われて、私は「え？」と声を上げてしまった。仲違いをしたＧさんの計画ではないという。

森下さんはこの前年（二〇〇三年）に大学を中退し、山岳ガイドを生業とするようになっていた。それでも大学にはよく顔を出し、後輩たちの面倒を見ていた。

「ボクが後輩たちとマッキンリーに行こうって準備してたんです。その中にＧはいなかった。計画は九十九パーセント出来上がっていて、あとはお金を払うだけって段階になってから、Ｇが言いに来たんです。栗城がマッキンリーに行こうとしてる、しかも一人で、って」

森下さんは、山の仲間でよく集まる居酒屋に栗城さんを誘った。

「入山申請は英語で書かなきゃいけないけど、お前書けるか？　何よりお前の技術じゃ一人では無理だぞ、何なら一緒に行くか？　って言ったんです。でもあいつ、ボクらの会議の日に顔を出すと言いながら、ドタキャンでした。まあボクらもその後メンバーの一人が都合悪くなっちゃって、結局行けなかったんですけどね」

栗城さんとＧさんの仲違いの理由は、何だったのか？

「よくわからないです。何が原因ってわけでもなかったと思うんですけどねえ……」と森下さんは首をひねる。

栗城さんはＧさんのことを「技術的にも体力的にもすごい人だった」と私に話していた。しかし先輩の森下さんから見れば「Ｇは歴代の部員の中でも不器用なヤツで、山は上手じゃなかった」という。

「ただ、あいつはすごく努力家なんですよ。登山からフリークライミングに転向して、今はトップクラスでジムまで構えています。一方の栗城は、Ｇとは対照的に何も努力をしない。そもそも水と油だったんじゃないですかね」

私はＧさんに連絡を取りたかったが、森下さんは首を振った。

「前にもメディアの人から依頼があったんですけど、Ｇは栗城のことにはもう関わりたくないって……。絶対に会わないはずです」

私はＧさんの取材を断念した。ところがこの二カ月後、森下さんから「Ｇと会う用事があるので、何か聞きたいことがあるならボクが代わって聞いてもいいですよ」とありがたい連絡が入った。

私はGさんへの質問項目をまとめて、森下さんにメールで送った。『答えたくない質問にはお答えいただかなくて結構です』と書き添えた。七つの質問をしたが、四つが無回答で返ってきた。仲違いした理由も空欄だった。

ただ、『Q. 栗城さんの著書に「先輩は、僕と二人でマッキンリーに登るのが夢だった」と書いてありますが事実でしょうか？』という問いには、「事実ではない」と回答している。

単独でマッキンリーに登ると言い張る栗城さんを、森下さんは「考え直せ」と何度も説得した。しかし、翻意させることはできなかった。

「栗城の技術じゃ無理だ、って誰もが思いますよ。中山峠から小樽まで縦走したぐらいの経験でマッキンリーに登ろうだなんて、普通は思わないんです」

マッキンリーに登頂するにはユマール（登高器）を使わなければならない。固定されたフィックスロープが張られた斜面があり、そのロープにセットするのだ。ユマールはカムの働きで、上には上がるが下には落ちないようになっている。安全を確保しながら登るために必須の道具である。

「あいつに、ユマール持ってるの？『いえ、持ってません』、じゃあ俺のユマール貸してあげるよ、うちにおいで、使ったことあるの？『ないです』……それが出発の前日か前々日でした」

マッキンリーの奇跡

マッキンリーへの入山申請は、前述した札幌国際大学の助教授が代行した、いや、させられた。その様子を見ていた亀谷さんは言う。

「栗城は先生に国際電話までかけさせてましたよ。『全部やってください』って。『お前、そんな調子で、向こうに行ってからどうすんのよ？』って聞いたら、『かめちゃん、二つの単語さえ言えればいいんだよ。アハンとウフン』って」

二〇〇四年五月下旬、栗城さんはマッキンリーに向かった。

「デナリ（偉大なるもの）」

先住民は巨大で荒々しいこの山を、そう呼んだ。いくつもの絶壁と稜線が折り重なって幾何学模様を成し、頂からは幅広い氷河が流れている。

この偉大なる山に、登山歴二年の小柄な若者が挑んだのだ。

標高二二〇〇メートルのBCから山頂までは二十八キロ、標高差は約四〇〇〇メートルある。

荷物を積んだソリを引っ張り、体を標高に慣らしながら登っていく。ある程度上がると、一部の食料を雪の中にデポ（体力的な負荷を軽減するため、荷物をルート途中に置いておくこと）し、少し標高を下げたキャンプ地にテントを張る。

　通常の登山隊はアルファ米という、お湯を注いだだけで食べられる米を持って行くが、値段が高いため、栗城さんは普通の生米を四キロ持参した。それを見た台湾からの登山者に笑われたそうだ。標高が高くなると気圧が下がる。お湯を沸かす際、外の空気の重しが少ない分、水蒸気になりやすく、百℃より低い温度で沸騰する。そのせいで、生米は家庭で炊くよりも相当硬く炊き上がった。それでも食べられないほどではなかったそうだ。

　栗城さんは初めて高度障害とも闘った。

　呼吸をする際、起きている間は意識して、深くゆっくりとするよう努めるが、寝ている間はどうしても浅くなってしまう。そうすると体に取り込まれる酸素の量が減ってしまうので、頭痛や、めまい、吐き気などの症状が出てくる。熟睡など到底できない。むしろ睡魔と闘わなければならないのだ。視界が紫色になる経験もした。そういうときは標高を十分に下げて回復を待つしかない。

　標高四七〇〇メートル付近からフィックスロープが張ってあった。森下先輩に借りたユマールを使って、栗城さんは少しずつ高度を上げていった。

　六月九日。栗城さんは二十二歳の誕生日を、マッキンリーの標高四三三〇メートルのキャンプ地で迎える。悪天候でテントには強風が絶え間なく吹きつけていた。

　翌日の十日も稜線は厚い雲に覆われていた。他の登山隊に動く気配はない。だが、栗城さんは勝負に出た。風はさほど強くなかった。あさってには晴れるはずだ、と確信してテントを畳んだ。「ヘイ、ジャパニーズ・ボーイ、これから上がるのか？」と驚いた声が近くのテントから上がった。

だが、思わぬミスを犯してしまう。標高五一五〇メートル地点にデポしてあった荷物を取り出そうと、ピッケル（つるはしのような金具がついた杖。氷雪を削って手や足をかける場所を作るなど用途は多い）で雪をかきわけた際、誤って燃料ボトルを突いてしまったのだ。穴が開いて中の燃料がこぼれ、半分の量になった。燃料がなければ暖をとることも、雪を溶かして水を作ることもできない。

心は下山に傾きかけた。しかし……。

『「誰かのために登るのではない、自分のために登るのだ」そう自分に言い聞かせ、僕は部室を去ったことを思い出した』（『一歩を越える勇気』）

彼はこの五年後「冒険の共有」を叫ぶようになるが、このときは「自分のために登るのだ」と初々しくまっすぐなエゴを見せている。

次の日は予想に反して大雪だったが、その翌日、テントの外は朝から晴れ渡っていた。

登り始めて十六日目の六月十二日、十七時十分。栗城さんはマッキンリー山頂に立った。

「ええっ！　登ってしまったか！」

技術も経験もない後輩が偉大なるデナリに登頂した……森下さんは悔しさを感じないわけではなかったが、むしろ「無事で何より」と安堵《あんど》した。

帰国した栗城さんとどんな言葉を交わしたのか、と私は尋ねた。すると森下さんは、口の中で小さく噴き出した。

「何をしゃべったかは覚えていないんですけど、あいつがユマールを返しにきたときの記憶は鮮明です。汚れていて埃《ほこり》っぽくて、金具に……陰毛が挟まってたんですよ。普通、人に貸してもらった道具はきれいにして返すじゃないですか。とにかくその陰毛の記憶が強烈で、あとは覚えてないですね」

古き良き時代を懐かしむような笑みを、森下さんはしばらく浮かべていた。

「ただ、植村直己さんが遭難した山に登った栗城はすごい、って勘違いしている人も多いけど、植村さんは厳冬期に登って遭難したんです。夏と冬では難度がまったく違います。けど、この登頂が自信につながったのは間違いないでしょうね」

栗城さんの人生は、周囲が「奇跡」と呼んだマッキンリー登頂がなければ、まったく違ったものになっていただろう。

《彼にとって、どちらが良かったのか？》

……その答えは本人でさえわからないかもしれない。

栗城さんは、マッキンリーの頂上でガッツポーズを見せている。

「マッキンリーにカメラを持っていったのは、登頂した証拠を残すためでした。撮ることを意識するようになったのは、次のアコンカグア（六九五九メートル）からですね」

撮らなきゃもったいない！

「だって、もったいないじゃないですか？　こんなに苦労して登っているのに誰も知らないなんて」

登山の過程を自撮りする理由を、栗城さんはそう語った。私は彼の言葉に納得がいった。取材する人間の心情に近い気がしたのだ。

マッキンリーに登った半年後の二〇〇五年一月、栗城さんは南米大陸最高峰アコンカグアに向かう。撮影された映像を見ると、栗城さんが「シーンを作ろう」と意識しているのがわかった。

この登山で栗城さんは、肺水腫にかかってしまう。気圧が低いため毛細血管から水が染み出て肺にたまる、高山病の一つだ。息が苦しくて三日間動けなかった。テントの中でひたすら腹式呼吸を繰り返す自分の姿を、栗城さんは映していた。

《苦しいときこそ見せ場だ、カメラに収めなければ……》

そんな思いが伝わってきた。

ルートで一番の難所は、斜度六十度の氷河の壁だった。壁の上から下へカメラをゆっくりパンダウンして、傾斜の強さをしっかりと映像でわからせた。そこに自ら語りを入れている。

「ここで滑ったら谷底まで落ちてしまうでしょう」

壁を登っていく汗みずくの顔も自撮りしていた。このとき栗城さんは、自分の上を別の登山者が登っている幻覚を見たそうだ。気圧が低いと、肺もそうだが脳にも水がたまる。「幻覚を見たのは軽い脳浮腫を発症していたからだと思う」と語っていた。

アコンカグアの山頂には、鉄製の十字架が置いてある。栗城さんはその十字架を起こすと、恋人のように胸に抱いた。

「もうダメかと思ったね」

アコンカグアから帰国した栗城さんに大きな出会いがあった。

Aさんという女性と交際するようになったのだ。Aさんの職場が栗城さんの講演会を開いた縁で知り合った。ケンカをしながらも愛を育んだ二人は、のちに結婚の約束を交わす。

二〇〇五年の栗城さんは、一月のアコンカグアに続き、六月にはロシアにあるヨーロッパ最高峰エルブルース（五六四二メートル）、十月にはタンザニアのアフリカ最高峰キリマンジャロ（五八九五メートル）と、とんとん拍子で登頂を果たした。

翌二〇〇六年。大学を卒業する前日、栗城さんは「二十四時間百キロマラソン」を敢行した。札幌からちょうど百キロの白老町《しらおいちょう》まで車で行き、そこから一人、卒業謝恩会の会場まで夜を徹して走り続けたのだ。

ゴールの五キロ手前で足が動かなくなり、応援に駆けつけた後輩たちに代わる代わるおぶってもらった。最後はタクシーを使って会場にたどり着いた。完走できなかった悔しさから、謝恩会の会場では理事長や学長のいる前でパンツを脱いで顰蹙《ひんしゅく》を買った。

卒業後、プロの登山家となった栗城さんは、十月にオセアニア最高峰であるニューギニアのカルステンツ・ピラミッド（四八八四メートル）に向かう。新千歳空港の出発ロビーで思いがけない出来事があった。

「ボクに山を教えてくれたＧ先輩がいたんですよ……見送りの人たちの向こうから遠巻きにボクを見ていたんです」

このエピソードを、栗城さんは憂いを帯びた表情で私に語った。

各大陸の最高峰を順調に踏破していく栗城さんを、Ｇさんはどんな思いで見つめていたのだろう？

森下さんを介したメールで、「このエピソードは本当か？」「どんな思いで見送りに行ったのか？」と尋ねた。

『事実。積極的に行ったわけではない。人情に篤《あつ》い山岳部の先輩に誘われた。栗城と話はしていない』

ぶっきらぼうな印象を受けるGさんの回答に、私はかえって真実味を感じた。私が当初抱いていた登山家のイメージに近かった。栗城さんにはもう関わりたくないのに先輩の顔を立てて空港に見送りに行ったり、森下さんに頼まれて私の面倒な質問に答えたり、実は情のある人なのだろう。

栗城さんはカルステンツ・ピラミッドに無事登頂を果たした。

二〇〇七年五月。栗城さんは初めてヒマラヤを体験する。チョ・オユー（八二〇一メートル・世界六位）に登頂したのだ。そして八月には、自身の会社「株式会社たお」を設立している。「道」を意味する中国語である。

二〇〇七年十二月、栗城さんは前回タイムアップで登れなかった南極最高峰のビンソンマシフにリベンジを果たした。

「残るはエベレストです！」

ビンソンマシフの山頂で、栗城さんは自撮りのビデオカメラに微笑んだ。

教授と二人三脚の資金集め

マッキンリーからビンソンマシフまで順調に登頂を果たした栗城さんだが、その遠征資金はどうやって集めていたのか？

栗城さんとほぼ同時期に登った人に費用の総額を尋ねたところ、キリマンジャロ、エルブルース、カルステンツ・ピラミッドはいずれも約五十万円、アコンカグアが約八十万円、マッキンリーは約百二十万円、南極は格段に高く四百万円近かったという。

栗城さんは二度目の南極では撮影隊まで雇っている。これだけの高額な費用をアルバイトだけでは到底賄《まかな》えなかったはずだ。

実は彼には資金調達の指南役がいたのである。札幌国際大学の和田忠久教授だ。和田教授は北海道の政財界に通じ、北海道生まれの航空会社「ＡＩＲＤＯ《エア・ドゥ》」の設立にも関わっている。栗城さんを世に出す牽引《けんいん》役の一人となった。

「栗城がマッキンリーに行ってたなんて、学長も理事長も寝耳に水だったんですよ。彼、仲間内にしか話してなかったから。無事に帰って来られたからよかったものの、『次はアコンカグアだ』なんて勇ましい記事が新聞に出ちゃったもんだから、二人ともカンカンになっちゃって。

『行くなら退学届を出してから行け！　うちの学生が死んだなんてニュースが出たら募集に響く！』って迫ったんです。そしたら栗城の方も怒っちゃって……。だから彼、その後有名になってからもしばらく札幌国際大学卒業ってことをプロフィールに載せなかった。『退学届を出せ』って言われたのを根に持ってたんです」

　栗城さんはアコンカグア登山の企画書を手に、コンビニエンスストア「セイコーマート」本部にアポなしで飛び込んだ。運よく社長と会うことができ、十万円の援助が得られた。

　和田教授は彼に、札幌市内にある某病院の理事長を引き合わせた。

「そしたら二つ返事でポンと出してくれたの。結構な額、北海道から現地まで行って帰って来られるぐらいの。その理事長、登山やる人だったから。ところがその後、登山界での評判が聞こえてきたんだな。『おい、栗城っていい噂を聞かないぞ。あんなポッと出で7《セブン》サミッツ（七大陸最高峰の登頂）？　しかも単独無酸素？　とんでもないホラ吹きだって、みんな言ってるぞ、大丈夫かい？』って言われて。お金もらえたのは一回きりだったね」

　次に向かったのが「玄米酵素」だった。札幌を拠点として全国に展開する健康食品会社である。

「当時の岩崎社長が、『よし壮行会を開こう！　そこに募金箱を置こう！』ってアイデア出してくれて」

　その壮行会には、岩崎輝明社長と親交のある札幌の企業家たちが集まった。家具・インテリア大手「ニトリ」の似鳥昭雄社長の姿もあった。

一方で和田教授は、学長や理事長の態度を軟化させるために政治家の力を借りることにした。

「鈴木宗男さんと、当時まだニセコ町長だった逢坂誠二さんに来てもらったの」

鈴木氏は受託収賄などの罪に問われ、一審の東京地裁で「懲役二年の実刑、追徴金一千百万円」の判決を受けたばかりだった（二〇一〇年上告棄却、収監）。

「宗男さん、元気がない時期だったから、『いい話だねえ』って喜んで来てくれた。ご機嫌すぎて、『私も栗城君に応分の援助をさせてもらう！』って宣言しちゃって、次に挨拶した逢坂さんに、『政治家の寄附行為は禁止されてるんじゃないですか？』って言われたりして、ハハハハ。学長も理事長も壮行会に呼んでさ、栗城への心証、だいぶ良くなったんじゃないかな」

和田教授は栗城さんが大学を卒業した後も、様々な企業、団体に彼の講演会を開くよう働きかけている。なぜ栗城さんに肩入れしたのか？

「彼に才覚があったからですよ、起業家としての。それを伸ばしてやりたかった」

大学でおふざけキャラとして知られていた栗城さんだが、意外な一面もあった。

「『今金町の農産物の即売会を開きたい』って教授陣に相談に来たことがあった。『どうせなら札幌で一番人通りの多いところでやりたい』って」

今金町は男爵イモが名産だ。父親の敏雄さんは地元の観光協会の会長を務めたこともある。父親と故郷、その両方を後押ししたかったようだ。

栗城さんは大通公園のそばにある札幌三越と交渉を重ね、店舗前の路上にブースを設けることに成功した。こうした栗城さんの企画力と行動力に、和田教授は感心したと言う。

「純粋な登山家からすれば『自分は頑張っても資金が集まらないのに、あんな若いのがいっぱい金を集めるのはけしからん』てことになるんだろうけど、私は起業家がたまたま山に登ったって思ってる。栗城はたぶん、山よりビジネスの才能の方があったんじゃないかな」

エベレストに登りたければ「アホになれ！」

栗城さんには、和田教授の他にも複数の熱烈な支援者がいた。

初期の応援団長は札幌市内に事務所を構える某弁護士で、北海道はもとより全国の知人に栗城さんをつなげた。私が取材していたころも熱心だったが、事務所の児玉さんによれば「栗城が何か不義理をしたみたいで」その後疎遠になったという。スポンサーとしては、「玄米酵素」「ニトリ」の双璧に、パチンコチェーンと飲食店を経営する「正栄《しょうえい》プロジェクト」（本社・札幌市）を加えた三社が代表格だった。

他にも重要人物がいた。栗城さんの「心の応援団長」である。

「大将」と彼が呼ぶ、石崎道裕《いしざきみちひろ》さんだ。私が会った二〇〇八年当時、五十二歳。千歳市内でラーメン店「らーめんみのり」を経営していた。

「最初はうちの店に時々ラーメン食べに来てたんですよ、リュック背負って。しばらくして知り合いに、面白い登山家がいるから講演を聞きに行こうって誘われて、行ってみたら栗城君だった。『うちの店、来たことあるよね？』って言ったらニコッと頷いてね。また話がうまいんだ、講演に引き込まれちゃってさ、すっかりファンになったんですよ」

石崎大将は、ふっくらとした布袋《ほてい》様のような風貌をしている。にこやかな笑みを絶やさない。しかし歩んできた人生は壮絶なものだった。

実の母親に捨てられ、日高地方の小さな漁師町で祖父母に育てられた。祖父は酒乱で飲むと必ず暴れるため、石崎家は村八分の状態だったという。その影響もあって学校ではイジメを受けた。クラスのみんなが担任の先生の家に遊びに行く相談をしていたときも、一人だけ誘われなかった。石崎少年は何度も自殺を考えたそうだ。

中学一年生のときに祖父が亡くなると、叔父の船に乗って漁に出るようになった。ある日、沖で操業中に突然、時化《しけ》になった。船が大きく傾いて、石崎少年は海に投げ出されてしまう。

《これで死ねる》

……頭ではそう思っていたのに、気付けば叔父が船から投げたロープにつかまっていた。

《あれだけ死にたいと思っていたのになぜ……？》

思いを巡らせた末に行き着いた答えは、

《何かを成し遂げるために生かされたのだ》

漁師をやめた後、何度か職を変え、一時は海産物の販売で財を成した。

「八百円ぐらいで漁師から仕入れた毛ガニをすすきのに持って行って、仕事帰りのホステスやソープで働くお姉さんに売るんですよ。これがね、安いと売れないの。高くないと買わないのさ。八百円で仕入れた毛ガニを五千円、もう飛ぶように売れて」

しかし築いた財産は、新興宗教に入信した最初の妻がすべて教団に貢いでしまった。石崎大将はそれでも挫《くじ》けず、アワビの養殖事業を手掛ける会社に就職し、高額のサラリーを手にした。

人生が上り調子に転じたときに、今の妻、紀子さんと出会い、二人は結ばれた。

ところが、バブル崩壊のあおりで会社の業績が急激に悪化し、やがて石崎大将は解雇を言い渡されてしまった。近くマイホームを購入する予定だったが、家計のことを考えて取りやめることにした。それでも紀子さんの笑顔は、輝きを失わなかった。

《これからどうしようか？》

何の気なしにテレビをつけると、ラーメンの特集が放送されていた。麺類は好きではないのでチャンネルを替えた。ところがその局でもラーメン、また替えたら次もラーメン。「これは何かある」とラーメン店を開業することを決意したという。一九九五年、三十八歳のときだった。一年も経たないうちに、店は千歳で指折りの人気店に急成長した。

石崎大将は「ラドン」というメニューを開発した。四国の香川県から出張で来た客に「おやじ、うどん！」と言われたのがきっかけだった。

「うち、ラーメン屋ですけど」

「いいから作れ！　塩ラーメンのスープにうどんの麺入れりゃあいいんだよ」

言われた通りにした。チャーシューの代わりに、豚のほお肉をトロトロに煮込んだものをトッピングしてみた。店のメニューになった数日後、テレビ局から「そちらに怪獣の肉が入っているラーメンがあるって聞いたんですけど？」と電話がかかってきた。

「え？　そんなものあるわけ……あ、ラドンのことですか？」

番組で紹介されて、人気に火が点いた。

「キムタクチャーハン」も当たった。紀子さんがたまたまキムチとタクアンを買いすぎてしまって、「どうしよう？」という話から生まれたメニューだ。

「ラーメンには合わないだろうから、キムチもタクアンも細かく刻んで赤いチャーハン作ってみたの。それをボクらが賄いとして食べていたら、お客さんが『何それ？』って。教えたらテレビ局に連絡しちゃった。キムタク（木村拓哉）のお母さんまで食べに来たからビックリですよ」

石崎大将が力を入れたのはメニューだけではない。お客さんが喜んでくれればと、手品に凝《こ》りだしたのだ。メキメキ上達し、地元の祭りやイベントに招かれるほどになった。

石崎大将は決まって「水戸黄門」の扮装《ふんそう》でステージに立つ。「幸門」とご本人は名乗っていた。妻の紀子さんが、お銀。二人の知人が助さん格さんに扮して、手品のほかに大将演出の寸劇を披露した。

栗城さんをいたく気に入った石崎さんは、自分が入っていた会の集まりに彼を誘った。

「日本アホ会、っていう会があるんです。そんな組織あるなんて知らなかったんですけど、入ってみたら衝撃的で。『面白い連中に出会えるぞ』って、栗城君に入会を勧めたんです」

日本アホ会は、企業家やスポーツ選手を対象にメンタルトレーニングを行なう「株式会社サンリ」の会長、西《にし》田《だ》文《ふみ》郎《お》氏が作った親睦団体だ。二〇〇九年からは社団法人化している。

「アホ」の定義は、「自分より人を喜ばせるのが好きな人」「自分には何でもできる！　と思っている人」。『日本を救うのは、夢にチャレンジするアホなのだ』が合言葉で、年に一度、アホのチャンピオンを認定する。

二〇〇七年、五十一歳で入会した石崎大将は、翌二〇〇八年、「アホ」と書かれたチャンピオンベルトを会から授与された。

「アホって、ある意味変態ですからね。脳がハイな状態になって、一種の快楽、いや麻薬でもありますね。アホって言われただけでボクは魂が騒ぎますもん」

二〇〇七年十二月一日、栗城さんは日本アホ会が主催する『アホ大学　特別授業』に参加した。「最高に勇敢なドアホ」と、ある会員のブログに紹介されている。翌年の会では講師も務めた。

私は栗城さんと出会ったころ、「自分でもアホだと思いますよ、ボクは。登るだけでも大変なのに、自撮りまでするんですから」と、しきりに「アホ」という言葉を使うのがちょっと不思議だった。北日本や東日本では、愚か者は「バカ」と呼ぶのが一般的だ。彼の「アホ」は、石崎大将とアホ会の影響だったのだ。

石崎大将の店の表には、暖簾《のれん》の上に電飾のサインがあった。浮かび上がる文字は、

『栗城史多君の単独無酸素七大陸最高峰登頂を応援します！』

アホになってエベレストに登れ！　大将の思いが伝わってきた。

登山家のすごさとは？

私が栗城さんの取材を始めた理由は、登山の過程を詳細にカメラで撮る「新しさ」と、「マグロが理想」など彼の言葉の意外性に惹《ひ》かれたからだが、もう一つ、「この人なら、『登山家のすごさ』を私のような素人にもわかりやすく伝えてくれるのではないか？」と期待したからでもあった。

登山家のすごさは一般の人にはわかりづらい。体力、スタミナ、精神力、状況判断……様々

な要素を兼ね備えて初めて八〇〇〇メートル峰の頂に立てるのだろうと推測はするのだが、私はそれをできるだけ具体的に、可視化して、視聴者に伝えたかった。

「滝に打たれたい」と言い出した栗城さんに同行したことがある。

二〇〇八年八月だった。栗城さんは少し前までエベレスト遠征を公言していたのだが、八〇〇〇メートル峰での経験がまだ足りないと考え直し、直近の目標をネパールのマナスル（八一六三メートル・世界八位）に変更していた。

滝は小樽の山の中にあった。深い山ではないが、水量はかなりのものだ。修験者《しゅげんじゃ》のように合掌して、落ちてくる水を跳ね返している栗城さんを見て、私もやってみたくなった。パンツ一丁になり、彼の隣に立った。

瞬間、前につんのめった。何とか堪《こら》えたが、今度は後ろに尻もちをつきそうになる。足元はコケで滑るし、水は容赦なく頭を叩く。しかも、その強さも向きも一定ではない。私は中腰の情けない姿勢のまま耐え続けた。栗城さんのように直立不動ではいられなかった。やはり腰が強く体幹もしっかりしているのだろう。

登攀《とうはん》の「攀《よ》じる」という言葉が表す通り、登山家は手と足だけではなく、全身を岩や雪の壁にこすりつけるようにして攀じ登っていく。センスとバランス感覚、ヒマラヤのような高所になれば高度順応力というハードルも加わるはずだ。

八〇〇〇メートル峰とはどのような世界なのか？　栗城さんはこう言った。

「標高七五〇〇メートルを超えると酸素の量は地上の三分の一しかありません。『デス・ゾーン（死の領域）』と呼ばれる世界です。そこにずっといたら死ぬわけですから、そりゃあ苦しいです」

「そのデス・ゾーンを乗り切るために、どんなトレーニングを積むんですか？」

「時間があれば、心肺を強くするゴムのマスクをしてジムで走ったりしますけど、日本にいるときは営業で忙しいし、実際に山を経験しながら強くなるしかないですね」

「『登山家のすごさ』をテレビでどう表現すればいいですかね？」

私のストレートな質問に、栗城さんが少しムッとした表情になった。《ボクが撮った映像だけでは弱いのか？》と機嫌を損ねたのかもしれない。

「何ならエベレストのベースキャンプで、朝青龍《あさしょうりゅう》（当時の横綱）と相撲でも取りましょうか？」

反発から出たであろうジョークは、彼の企画力の片鱗《へんりん》をうかがわせた。《それ、面白い！》と私の脳に刺激が走った。横綱が苦しそうに登る姿や、それを励ましたりニヤリとしたりする栗城さんの顔が浮かんできた。

《でも、もし朝青龍がベースキャンプまでたどり着いて、がっぷり四つに組んだとしたら……》

私はうっかり言葉を返してしまった。

「本当に勝てますか？」

栗城さんは「ここ、笑うとこですよ」と苦笑した。私は素直に謝った。

登山家のすごさはひとまずおいて、栗城さん自身のすごさはどこにあるのか？

幼馴染の齊下英樹さんは、「運動神経は鈍い方です」と明言する。中学時代、野球部でも栗城さんと一緒だった。齊下さんは一年生の秋から正捕手となりクリーンナップを打ったが、栗城さんは三年間ベンチを温めた。

野球部でパッとしなかった栗城さんの身体能力が、登山を始めた大学時代になって急に開花したとは考えづらい。彼を知る複数の登山関係者はこう話す。

「技術はないね」

「体力も並」

「パフォーマンスがすぎるな」

日本ヒマラヤ協会の顧問で、札幌市内で居酒屋「つる」を経営していた大内倫文《みちふみ》さんは、私が頻繁にコメントを求めた一人だ（店は二〇一九年に閉店）。

「すごさねえ……？　ヒマラヤを何度も経験している人たちは、『ふざけるな』って内心はらわたが煮えくり返っていると思うよ。でもまあ、なかなかいないよね、ああいう発想の登山家、っていうか、登山やってる人間は」

登山やってる人間、とわざわざ言い直したのが印象的だった。

大内さんの自宅には、世界の峰々に次々と新ルートを開拓した山野井《やまのい》泰史《やすし》さんや、功績のあった登山家に贈られる「ピオレドール（フランス語で、金のピッケル）賞」を女性として初めて受けた谷口けいさん（一九七二～二〇一五年）など、日本が世界に誇る登山家が泊まりに来ている。

「これ、誰だかわかる？」

大内さんが壁にかかった一枚の写真を指差した。二人の男性が写っている。

「右は私。一九八五年、三十七歳のとき」

左の男性はアジア系の外国人だった。風格のある老紳士が柔和な笑みを見せていた。

「テンジン・ノルゲイさん。この翌年に亡くなったけど」

一九五三年五月二十九日、エドモンド・ヒラリー氏（一九一九～二〇〇八年）とともにエベレストに史上初めて登頂したチベット人シェルパの名前は、登山に疎い私でも知っている。亡くなる前年、七十歳のときの写真だという。大内さんがブータンの未踏峰ガンカー・プンスム（七五七〇メートル）に遠征した帰り、インドのホテルで会って撮影したそうだ。

一九六七年に設立された日本ヒマラヤ協会は、ヒマラヤ登山のアカデミックな役割を一手に担ってきた、と大内さんは話す。世界各国の登山隊がいつ、どの山に、どんなルートで挑んで登頂もしくは敗退したか、敗退の理由は雪崩か事故か、死者やケガ人は出たか、を克明に記録してきた。それはヒマラヤに挑んだ同胞たちへの賛辞や弔意であり、後進に示す貴重な道標でもあった。

しかし、二〇〇五年に個人情報保護法が施行されてから、情報収集がままならなくなった。折しもヒマラヤ登山が商業化し、旅行会社が参加者を募る「公募隊」が急増していた。ツアー会社は個人情報を盾に情報を流さない。敗退した場合は特にそうだという。

ヒマラヤ登山の姿が大きく変わろうとしていた時期に、栗城史多という登山家がメディアで脚光を浴び始めたのは、偶然ではない気がする。

栗城さんは一時期、大内さんが主宰する「北海道海外登山研究会」の実行委員にも名を連ねていた。

「彼にはヒマラヤの大きさを知ってほしくて、何冊も本を貸したんだけどね。読んだのか、読まなかったのか、一冊も返って来なかった」

ヒマラヤの歴史を伝えていこうと考える人たちにとって本や資料がどれだけ大切なものか、「新時代の登山家」にはピンと来なかったのかもしれない。

登山関係者の大半が栗城さんを批判的に見るのに対して、彼の「すごさ」を具体的に語る人物もいた。札幌在住のプロスキーヤー、児玉毅《たけし》さんだ。栗城さんとは二〇〇七年、共通の友人を交えた飲み会の席で知り合った。

毅さんは、シベリアの誰も滑ったことのない山やマッキンリー山頂からの滑降など、辺境地や高所でのスキーを得意とする。「スキーを背負って世界を旅する」がライフワークだ。中東のレバノンやシリア、地中海沿岸のトルコやギリシャなど「なぜここにスキー場が？」と驚いてしまうような国々でも滑る。北アフリカのモロッコでは雪ではなく、砂丘を滑走した。

毅さんは、実はエベレストの登頂者でもある。

二〇〇五年の春だった。遠征するきっかけはその前年、札幌の手稲山《ていねやま》のゲレンデで、ケガをして動けなくなっていた年配のスキーヤーを救助したことだった。

本多《ほんだ》通宏《みちひろ》さんというその男性は東京で会社を経営する素封家《そほうか》で、二〇〇三年、三浦雄一郎さんが当時の最高齢記録となる七十歳七カ月でエベレスト登頂を果たしたことに刺激を受け、「自分も挑戦したい」と意気込んでいた。本多さんは毅さんを「命の恩人だ」と惚れ込み、エベレストでのサポートを依頼したのだ。

毅さんたちが登ったのは、ネパール側から南東稜を行くノーマルルート（ヒラリー氏とテンジン氏が初登頂した、谷あいを詰めて急斜面に出る一般的なルート）だった。だが、標高八〇〇〇メートルを越えたところで、本多さんが体調不良に加え、軽度の凍傷を負ってしまった。やむなく隊はＢＣに下り、本多さんはヘリで下山した。

「どうしよう？　もう一回、登ろうか？」という登攀隊長の言葉に、「隊としては登頂成功させたいですよね、本多さんのためにも」と毅さんが応じた。シェルパを伴って再びＢＣを出発し、四日後、標高八八四八メートルの山頂を踏んだ。一度ＢＣまで下りてからの再チャレンジだ。毅さんは八〇〇〇メートルの標高を二回越えたことになる。

「たぶん高所への順応力は、栗城君よりボクの方があると思います」

笑ってそう話す毅さんだが、栗城さんに「これだけはかなわない」と舌を巻いた経験がある。

「彼のすごさは、しつこさ、ですね」

毅さんは二〇〇九年春、栗城さんのダウラギリへの遠征でＢＣマネージャーを務めている。

当初、毅さんはこのオファーを断った。「世界各国へのスキー旅」というライフワークがあり、応援してくれるスポンサーもいる。人の挑戦に協力している場合ではなかった。

「そしたら栗城君は、『スポンサーや支援者にはボクから話します。誰に会えばいいですか？どうすれば一緒に来てくれますか？』って……面白いヤツだな、って思いました」

できないではなく、どうやったらできるのか、できることを前提に話をする。その熱意に負けて毅さんは遠征に加わったという。

ダウラギリのＢＣで、こんなことがあった。ある晩、栗城さんは音楽のＤＶＤを見たいと言って、一枚のディスクをプレイヤーにセットした。だが、再生できない。他のディスクは作動するので、プレイヤーの問題ではない。

「おかしいな」

……栗城さんはそのＤＶＤのディスクを布で拭いたり、水をかけたりといったことを、延々二時間繰り返したという。結果的にディスクが再生されたかどうかについては毅さんの記憶は曖昧だが、一心不乱にディスクと向き合う栗城さんの姿は鮮明な印象として残っている。

「呆れました。普通は諦めて別のディスクを見るじゃないですか？　ああ、彼のすごさって、体力でも技術でもなく、しつこさなんだな、このしつこさがあるから八〇〇〇メートル峰にも登れるんだな、って納得できました」

栗城さんの武器である「しつこさ」。それは十六年間も温泉を掘り続けた父親譲りのものであることは疑いようがない。

第三幕

遺体の名は「ジャパニーズ・ガール」

そこは本当の頂上ではない……

二〇〇四年のマッキンリーに始まり、二〇一八年の最後のエベレストに至るまで、栗城さんは訓練も含めると、のべ二十四回の海外登山を行なっている。

私は二〇〇九年のエベレスト初挑戦までは、栗城さんから提供を受けたすべての映像素材をチェックした。彼への取材をしなくなった二〇一〇年以後については、テレビ番組やネット上で公開されている動画などを当たって、それぞれの登山の概要を把握した。

それらすべての登山を振り返って私が最も強く印象に残っているのは、前幕で少し触れた二〇〇八年秋のマナスルへの山行である。

その理由の一つとして、まず彼自身が光り輝いていたことが挙げられる。友人の児玉毅さんの言葉を借りれば、このころの栗城さんは「イケイケ」だった。

朝、テントで目覚めた栗城さんは、無線機を取り出すとBCマネージャーに告げる。

「おはようございます。ブログの更新お願いします。……ナマステ（ネパール語で『こんにちは』）。きょうは、標高六三六〇メートル地点のC（キャンプ）2から……」

栗城さんの一日は、そんなふうに始まっている。

「イエス！　イエス！　イエス！　生きてるぞ！」と、荒い息を吐きながら自らを鼓舞する映像もあった。

天候不良で停滞した日は、テントの中を映した。

「きのうの夜からずっと雪が降っていて、テントが雪で押しつぶされそうです」

テントを窮屈にしている外の雪の塊《かたまり》に、栗城さんはビニール越しに肘鉄を食らわせていた。

私が衝撃を受けたのは、小道具の出現だった。

テントの中、高度順応に苦しむ栗城さんがシュラフ（寝袋）にくるまっていた。画角は、土気色をした顔のアップだ。その画面に、下から指が持ち上がってくる。人差し指に何かが装着されていた。

「ＳｐＯ$_2$《エス・ピー・オー・ツー》（経皮的動脈血酸素飽和度）」の測定器である。医療用の器具で、近年高所登山の現場でも用いられるようになったと、後で知った。

　ＳｐＯ$_2$とは、体内に取り入れた酸素の何パーセントが血中のヘモグロビンと結合しているかを示す数値である。肺や心臓の機能が低下すると、この値も下がってくる。九十六から九十八パーセントが健康な人の標準値で、九十パーセント以下になると呼吸不全に陥る危険信号だ。医療の現場では何らかの対応が必要となってくる。

「きのうはＳｐＯ$_2$が六十三と悪く、頭が痛くてダメでした……」

　六十三は応急処置が必要な重症患者並みの数値である。ＢＣから応答が届く。

「水分だけは補給を怠らず。気力を振り絞って水だけは飲んでください」

　水を飲むのにも気力が必要な世界……。空気が乾燥している高所では体の水分の喪失が激しいため、一日三リットルから四リットルの水を飲まなければならない。その水はテントの周りの雪を掘って、コンロで溶かして作るのだ。

「デス・ゾーン」

　酸素が地上の三分の一しかない「死の領域」で、栗城さんは体調が悪化した自分自身を撮影していた。映像のインパクトは大きかった。

マナスル登山が印象深かった理由の二つ目は、この遠征中に届いた高名な登山家の訃報である。C2のテントの中で、栗城さんは日本の知人と衛星電話で交信していた。

「加藤さんが雪崩に遭ったって聞いたんですけど……三人亡くなったんですか？　……ショックですね」

十月一日、ヒマラヤのクーラカンリ（七五三八メートル）という山で、日本の登山隊が雪崩に巻き込まれた。亡くなったうちの一人、加藤慶信《よしのぶ》さん（三十二歳）は、二〇〇五年、エベレストに無酸素で登頂を果たしている（帰路に酸素ボンベ使用。奥田仁一《まさかず》さんと二人で登頂）。日本の山岳界の若手リーダー格だった。

ベテラン登山家、中村進《すすむ》さん（六十二歳）も一緒だった。中村さんは、北極、南極、エベレストの三極点到達を日本人で初めて達成した実力者だ。

中村さんは生前、栗城さんのことをこう評している。

「欽ちゃん球団みたいなものだよ、彼は」

見ていてそれなりに楽しめるが、プロのレベルには到底及ばない、という意味だ。

中村さんから直接聞いたのではない。栗城さん自身が面白がって私に教えてくれたのだ。

「むしろ欽ちゃん球団に失礼ですよね」と笑っていた。

実力と経験を兼ね備えた一流の登山家でも死ぬことがある……ヒマラヤはそういう場所なのだ。訃報が届いた翌日、栗城さんは自撮りのカメラにこう語っている。

「ＳｐＯ$_2$は六十と……今までで一番悪いです……食欲もなくて……」

大きなため息を吐き出した栗城さんは、自分にも言い聞かせるような口調で言った。

「下山します……心と体の調子が狂った……」


ＢＣまで下り、五日間休養した栗城さんは、再び山頂を目指した。凄まじい風だった。

「風が強くなり、雪が出てきました。ジェット・ストリームが来たな、という感じです」

時おりＢＣへの連絡の様子を自撮りして、栗城さんは「作品」にタッチをつけていく。

ヒマラヤでは冬が近づくと「ジェット・ストリーム」と呼ばれる強い偏西風が吹き荒れる。すでに十月に入り、各国の登山隊も九割方下山していた。

雪が猛スピードで岩の上を流れていく。私にはその様が海に見えた。白波を飛び散らして荒れ狂う、時化の海だ。その海を「マグロの体が理想」と語る小さな登山家がたった一人で泳ぐ、いや登っていく。

「山のマグロ」と「ヒマラヤの大海原」。

そのコントラストを、後方から撮影する山岳カメラマンは見事に伝えていた。

そして、出発して四日目の夜。目出し帽を被った栗城さんのアップが、暗闇の中に浮かび上がった。

「夜十時です。これから出発いたします」

Ｃ４（七四〇〇メートル）から山頂へアタック（近年は「サミットプッシュ」と呼ぶ登山家が多い）を仕掛けるのだ。

「がんばります……がんばります……がんばります！　シャア！」

　次に収められていたカットは、歩きながら前方を撮った揺れる画面だった。ヘッドランプで雪面が仄《ほの》かに照らされていたが、唐突に栗城さんの怒ったような声が被さった。

「寒い！　寒いから、もうカメラ回さないよ！」

　雪面は一回転してブツッと消えた。私はこのカットに非常に説得力を感じた。

　撮りたくても撮る余裕などない……彼がどれほど過酷な場所にいるかを雄弁に物語っている。ただ同時に、自撮り登山の限界も認識した。本当に厳しい状況ではカメラを回せないのだとしたら、ヒマラヤ登山の核心部に切り込んでいく最も重要なシーンをどうやって記録し、また表現するのか？　……今後の大きな課題だと思われた。

　その後の途中経過はなかった。次の映像は彼のリポートだった。

　夜はすでに明けていて、空は快晴だ。栗城さんが無線機を取り出した。

「連絡が取れなくてすみませんでした。九時四十五分に無事に……マナスルの山頂に……着きました……ありがとうございます……」

　マナスルの「マ」の音から、栗城さんの声は涙声に変わっていた。嗚咽《おえつ》が途切れたタイミングで、ＢＣから応答が届く。

「おめでとう、やったね」

「今まで登ってきた山の中では、一番大変でした……」

栗城さんはその後、「すごい景色です」とカメラを三百六十度パンした。青空に映える荘厳な峰々に、私も息を呑んだ。

問題は、その後だった。

「本当の山頂はあっちになります」

白い斜面の先に、両側が切れ落ちた細い尾根道が続いていた。「ナイフリッジ」とも「やせ尾根」とも呼ぶその尾根の先に、雪を被った三角錐の岩の塊が見えた。そこが、本当の山頂のようだ。

私は少し混乱した。では、栗城さんが立っているのは一体どこなのだ？

「ここは認定ピークです」

認定ピーク？　……そんな言葉があることを私は知らなかった。

栗城さんは、こう続けた。

「この地点で登頂が認定されます」

そういうもの？　……たくさんの疑問符が私の頭の中を羽ばたいていたが、映像の中の栗城さんはそんな私の困惑など知る由もない。

栗城さんはその後、認定ピーク上での記念撮影に移った。バックにはヒマラヤ連峰、その手前に「本当の山頂」が映っていた。

支援者から預かってきたものをリュックから取り出すと、栗城さんは顔の横に掲げた。まずは好天祈願のテルテル坊主。その次に掲げたのが……女性用のパンティーだった。

渡したのは石崎大将の妻、紀子さんだが、送り主は千歳市内の寿司店の女将《おかみ》さんだった。「空港まで見送りに行けないから栗城君に渡して」と頼まれたのだ。

人間、最後に力を発揮するのは、生、いや、性への執着だろうからと、「御守」としてプレゼントしたのだという。空港で手渡された栗城さんは「新品だったのでホッとしました」と私に笑っていたが、まさか本当に持って登ったとは……しかも、上まで……。

栗城さんは下山後、麓の村で沐浴をした。そのとき撮った写真がブログにアップされている。自らパンティーを着用した栗城さんがドヤ顔を見せていた。

私は彼の帰国後、「認定ピーク登頂」に違和感を覚えつつも、担当する番組の中で「登山家の意外な御守」という三分ほどのミニ企画を制作した。

こんなおふざけ企画を放送したことを、私はすぐに恥じることになる。そのときは知らなかったのだ。「認定ピーク」の真の意味を。そして、この登山の全貌を……。

一九七四年・栄光と涙の登山隊

栗城さんのマナスル登山が私の心に強く刺さった最大の理由は、栗城さんが登山中に撮影した一カットの「遺体」の映像だった。

マナスル登頂を目指してＢＣを発つ前夜、栗城さんはカメラの手入れをしながら、このときＢＣマネージャーを務めた山岳スキーヤー、藤川健《けん》さんにこう語っていた。

「知らなかった……絶対、撮るよ」

栗城さんが「絶対撮る」と意気込んでいたのが、マナスルの標高七四〇〇メートル付近にある登山者の遺体だった。氷の壁と一体化したように横たわっているという。

「ジャパニーズ・ガール」……遺体はそう呼ばれていた。

その存在を彼に教えたのは、サポートのシェルパだった。

ＢＣのテントの中にはカメラが固定されていて、中に人がいるときはほぼ回しっぱなしになっている。そのため私は、その一部始終を見ることができた。

シェルパが通訳に伴われて、ＢＣのテントに入ってくる。簡易なテーブルを囲んで、藤川さんも含めた四人で話をする様子が延々と映っていた。シェルパの話を聞くうちに、栗城さんの目が光を増していくのがわかった。

　私はそれまで遺体が山に横たわっている様をイメージしたことなどなかった。だが現実、ヒマラヤには放置された登山者の遺体が何体もある。滑落などの事故や急な体調不良で息を引き取り、単独登山だったため下ろす仲間がいなかったか、仲間はいたがその仲間に下ろす余裕がなかったかで、置き去りにされた遺体である。

　雪崩や滑落死をのぞけば、遺体となった登山者は最期の瞬間を迎えるまで、登山ルート上を登っていた、または下りていた、と考えるのが自然である。だから遺体は皮肉なことに、その山を登ってくる後進たちに、そこが正しいルートであることを示す「目印」にもなっているのだ。


　なぜマナスルの遺体は「ジャパニーズ・ガール」と呼ばれるのか？

　シェルパの誰かがそう名付けて広まったらしいが、感心できるネーミングではない。

　たとえマナスルが、日本との関わりが極めて深い山であるとしても、だ。

　一九五六年、この山に世界で初めて登頂したのは、日本隊（槇《まき》有恒《ゆうこう》隊長）である。五月九日、隊員の今西壽《とし》雄《お》さんがその頂に立った。

　第二次世界大戦での敗戦から十一年、マナスル登頂は日本の復興を象徴する偉業として讃えられた。記念の切手が発行され、「マナスル」の名を付けた石油ストーブも発売されて人気を集めた。

そして一九七四年。「日本女性マナスル登山隊」が登頂に挑む。

それまで女性が八〇〇〇メートル峰の頂に立った例はなかった。成功すれば、世界初の快挙となる。

五月四日、午後五時三十分過ぎ、隊から選ばれた三人の女性が見事登頂を果たした。

翌五日、第二次隊の二人が頂上を目指してＣ４を出発した。その一人がＳさんだった。

しかしその後……Ｓさんは還らぬ人となる。

マナスルの登山史で、標高七〇〇〇メートル以上の高所で遭難した女性は、Ｓさんの他には一人しかいなかった。栗城さんが登る二年前の二〇〇六年、オーストラリア人女性が山頂直下のクレバスに転落し、その遺体は回収されていない。しかし「ジャパニーズ・ガール」は、二〇〇六年の時点ですでにそこにあった。シェルパがこうした事実を知った上で、この遺体こそかつて行方不明になったＳさんだと信じて、命名したのかどうかはわからない。

ヒマラヤを知る登山家たちに聞けば、「彼らは割と軽い気持ちというか、インスピレーションで名前を付ける」そうだ。

栗城さんがマナスルのＢＣを出発して三日目の夕刻。標高七四〇〇メートル地点に到達すると、これを越えればＣ４だ、と聞いていた「目印」があった。

「ジャパニーズ・ガール」と、栗城さんは対面したのだ。

仰向けで、頭を谷側、足を山側にして、氷の壁に張り付いている。右腕は雪に埋まっていたが、左手にはめた黄色っぽいグローブは何かを摑もうとするかのように雪面から空に伸びていた。着衣は、上は赤、下はベージュ。どちらも破れて原形をとどめていない。顔も半ば白骨化し、残った皮膚も太陽に炙《あぶ》られて真っ黒に変色している。性別も判断できない。

映像は三十秒ほどしか回っていなかった。夕刻で空も雪面も蒼く、遺体に十分な光が当たっていない。しかも、カメラから距離があった。全身を映す引いたサイズの一カットだけで、細部までズームできていない。

栗城さん自身、山で遺体を目にするのはこのときが初めてだった。体力的にきつくて近付けなかったというより、やはり恐ろしかったのだろう。

「成仏してください……」

少し震えた声で一言だけ発していた。

栗城さんの撮った映像を見た瞬間、「ジャパニーズ・ガール」が私の中に棲みついた。彼のエベレスト挑戦以上に引きつけられたと言ってもいい。

遺体となった登山者は、本当にSさんなのか？

だとしたら、三十四年も前の遺体だ。ずっとそこに留まっていたなら、もっと損傷が激しいのではないか……？　いや、遺体は長く雪の下に埋まっていたため、この状態を保てたのかも……地球の温暖化に伴って雪が解け、最近になってから出現したのでは……？

私は当時のことを調べ始めた。そして、ある女性の存在を知った。

札幌在住の森美枝子さんだ。

一九七四年、女性として世界で初めて八〇〇〇メートル峰の頂に立った三人のうちの一人である。一九四一年生まれで、マナスル登頂時、三十二歳だった。

私の職場の先輩が札幌の山岳会に所属していて、森さんの山仲間と親しかった。その人が森さんの連絡先を教えてくれたのだ。山岳史にその名を刻んだ女性が、自分と同じ街に住んでいるとは思ってもみなかった。

すぐに森さんに連絡を取って事情を説明し、栗城さんが撮った映像を見てもらった。

森さんは目を見開いて「えー？」と小さく声を出した。短い映像を繰り返し見てくれた。

標高七四〇〇メートル地点……Sさんが遭難したと推定される標高とほぼ一致する。

「でも……」

森さんは首を傾《かし》げた。

「この赤い服はヤッケかしら？　隊の服だとしたら、青なんですよ。Sさん、こんな服を着ていたかなあ……」

「日本女性マナスル登山隊」は、京都の山岳会の有志からなる「同人ユングフラウ」が母体だった。実力のある女性登山家を全国から公募し、度重なる合宿を経て十二人の精鋭が隊員に選抜された。動き始めて三年、構想からさかのぼれば十年を超えるプロジェクトだった。
「実は去年（筆者注・二〇〇八年）、ユングフラウは解散したんですよ。その集まりがあって、私も京都まで行ってきました」
　森さんらの世界初の挑戦は、朝日新聞社が発行した冊子『日本女性マナスル登頂　栄光と涙の記録』（一九七四年）にまとめられている。森さん自身も同年、日刊スポーツの依頼で『八千メートル　女の闘い』を五十回にわたって連載した。
　森さんの連載、三十九号（八月三日付）に、こんな見出しがついている。
『ニセ頂上に危うく〝有頂点〟』
　記事の一部を抜粋する。
『四時三十分、日本山岳会隊が「ニセ・ピーク」と名づけた岩峰が行く手に現れる。（中略）
「ジャンブー（筆者注・シェルパの名前）が〝ここが頂上だ〟といってきかないのよ」（中略）
前方百五十メートルほど先に写真で見慣れたレッキとした頂上があった。「ここも、あそこもセーム、セーム（同じ）引き返そう」という。（中略）「なにいってんのよ、ジャンブー！　ここが頂上だと行《ママ》って帰っても、日本だったらすぐバレるわよ」今度は私たちがジャンブーを引きずるように、すぐ目の前の頂上へ向け再び登り出した』
　こうして森さんら三人は、マナスルの本当の山頂に、女性として世界で初めて立ったのである。

栄光と哀しみの記憶を、栗城さんが撮った映像が蘇らせた。

「隊の皆に話してみます」

私は「同人ユングフラウ」の主宰者で「日本女性マナスル登山隊」の総指揮を取った遠藤京子さんにも、栗城さんが撮った映像を送った。

「事の真偽がはっきりするまで、ユングフラウの解散はいったん白紙に戻します」

遠藤さんは私にそう告げた。栗城さんとも話したいと言うので、私は彼の承諾を得た上で遠藤さんに電話番号を教えた。

しばらくして栗城さんから私にこんなメールが届いた。元隊員の一人と会ったという。

『ジャパニーズ・ガールについてですが、女性の遺体であることは間違いありません。Sさんである可能性は高いです。山岳会が解散しないと聞いて、僕もなにかしなければと思いました。なによりもあの遺体は日本に帰りたがっています。

そこでチョモランマ（エベレスト）終了後、ネパールの大統領に会う予定です。ヘリ代とパーミッションを無料にしてもらい、9月下旬に3週間で遺体の回収に行きたいと思っております。その時にサンタさん（筆者注・栗城さんのサポートをする常連のシェルパ）と僕、合計三人で遺体の回収にいきます。松木さん（筆者注・遠藤さんの名代として、栗城さんを講演先の大阪に訪ねた元隊員）には昨日そのように伝え、喜んでいました』

あの遺体は日本に帰りたがっている……栗城さんらしい思い込みの強い表現だったが、彼の意気込みは伝わってきた。一方で「チョモランマ終了後」と、取らぬ狸の皮算用をして予定を綴っていることにはいささか懸念を抱いた。

「ルートが違う」

「ジャパニーズ・ガール」はＳさんの遺体なのか？　……元隊員たちはかなり朧気《おぼろげ》となった記憶を、当時つけていた日記などで補強しながら検証してくれた。

一九七四年五月五日。Ｓさんは午前九時三十分に、標高七一五〇メートルに設置したＣ４を出発した。パートナーとなったＩさんは酸素ボンベの準備に手間取って、Ｓさんより更に一時間遅れの出発となった。

Ｓさんは正午ごろ、標高七三〇〇メートル付近で、前日に登頂して下山中だった三人の隊員と言葉を交わしている。Ｓさんは「登頂おめでとう。早くキャンプで休養してね」と三人を祝福したという。

その一時間後に、天候は急変した。風雪が強くなり、烈《はげ》しいブリザードになった。

午後六時、標高七六五〇メートルのＣ５まで先に上がっていたシェルパが、二人が到着していないことを各キャンプにトランシーバーで伝えてきた。夜十一時過ぎ、Ｃ４にいた別のシェルパが、猛吹雪の中、意識朦朧《もうろう》となったＩさんを保護する。Ｃ４のそば、Ｃ５との間に張られたフィックスロープの起点近くにいた。おそらくロープを伝って何とか下りてきたものの、テントの場所がわからずそこで立ち往生したのだろう。「おそらく」や「だろう」といった推測で書くのは、本人に遭難してからの記憶が一切ないからだ。どこをどう彷徨《さまよ》い歩いたのか、Ｉさんは体力を取り戻した後も思い出せなかった。

　翌六日。Ｃ５のシェルパが、Ｓさんを捜索しながら下山を始めた。シェルパはＣ５の近く、フィックスロープの終了地点のそばで、Ｓさんのリュックとピッケルを発見した。リュックには酸素ボンベが二本入っていた。更に下がった標高七三五〇メートル地点では、安全ベルトがついたままのＳさんのヤッケが見つかっている。

　Ｓさんは猛吹雪の中、Ｃ５のテントを必死で探し回ったのだろう。しかし発見できず、自分がどこにいるのかわからなくなった。寒くなって防寒着を取り出そうとリュックを下ろした。着替え終わった直後に突風が吹き、Ｓさんは脱いだヤッケとともに下方に飛ばされた……あるいは、Ｓさんは高度障害と恐怖心から錯乱状態に陥って自らヤッケを脱ぎ捨てた……隊員たちの推理は滑落と高度障害の二つに分かれた。

　日本女性マナスル登山隊の元隊員たちは、栗城さんの撮った映像を検証した。

「この映像ではよくわからないけど……」

それでも……全員の見解は一致した。

「遺体はSさんではない」

元隊員たちは、まず「距離」に着目した。

Sさんの遭難地点と、「ジャパニーズ・ガール」の位置は、直線距離にして、一・五キロ離れている。標高七五〇〇メートルという高所で、猛吹雪の中を、一・五キロも歩けるわけがない。山を熟知する彼女たちの一致した見解だった。

しかし……雪崩の影響はないのだろうか？

後日、森さんの自宅を訪れた私は、遺体が雪崩によって今の位置まで運ばれた可能性について尋ねてみた。

「地形も検証しました」と森さんは答えた。雪崩が発生すれば真下に落ちる。横に流れる地形ではなかった。

何よりも重要なのは、一九七四年当時の登山ルートは現在のルートとは「違う」という点だった。日本女性マナスル登山隊が登ったルートは、その後発生した大きな雪崩の影響でとうに登れなくなっていたのだ。現在のルートは当時のものより北にずれている。

栗城さんが登ったのは、Sさんが遭難したルートではなく現在のルート。そして「ジャパニーズ・ガール」はそこにあった。ならば、遺体は現在のルートになってからの登山者と考えるのが自然である……。

「ジャパニーズ」でも「ガール」でもなかった……

そして私は、マナスルに登った別の登山家から決定的な証言を得た。

北海道の山岳ガイド、宮下岳夫《たかお》さんだ。宮下さんは栗城さんの登山より前、一九九六年にマナスルに登っている。そのときの写真を見せてもらった。写っている風景に既視感を覚えた。

栗城さんの動画で見た景色だ。同じルートで登った証拠である。

「宮下さんが登ったとき、遺体はありましたか？」

「いいえ、見ませんでした」と、宮下さんは首を振った。

遺体は見ていない……そう話す宮下さんに私は尋ねた。

「では、『ジャパニーズ・ガール』という名前を聞いたことはありますか？」

「ありませんね」

宮下さんがマナスルに登った一九九六年の段階では、遺体はそこにはなく、「ジャパニーズ・ガール」という言葉も流布していなかった。

しかし……。私は念を押すように聞いた。

「現地のシェルパたちは、遺体は小柄で、手足の骨格も細く、女性のものだと言っているそうです」

私は栗城さんの遠征をサポートするカトマンズのトレッキング・ツアー会社「ボチボチトレック」に問い合わせていた。社長のティカ・ラム・グルンさんは、複数のガイドの証言として「皆、遺体は女性だと言っている」と私に告げたのだ。

宮下さんの答えは明快だった。

「いつの遺体かはわかりませんが、ヒマラヤは夏と冬で環境の変化が激しいので、遺体はすぐに損傷すると思います。すでに白骨化が始まっているとすれば、頬は削《そ》げ、指も相当細くなっているはずです。男性の遺体が女性に見えたとしても不思議ではない気がします」

遺体は自分が回収する、と意気込みを語っていた栗城さんだったが、エベレスト初挑戦の準備に多忙なのか、すっかり連絡がつかなくなっていた。電話をしてもメールをしても、なしのつぶて。それでも私には、彼に連絡をつける義務があった。

「『ジャパニーズ・ガール』は日本人のＳさんである可能性が高い」と栗城さんが各地で開催される講演会で語っていることを知ったからだ。

その裏付けを取る意識もノウハウも彼にはない。

『確証はない。シェルパの言葉だけで、遺体がＳさんだと話すべきではない』

私がメールでそう伝えても、返信は届かない。

栗城さんは以前、大阪の講演先を訪ねてきた元隊員の松木さんに遺体の回収に行くと告げると、「喜んでいた」と私にメールで伝えてきた。しかし、実際はそうではなかったことが、後になってわかった。

松木さんは元隊員たちの総意として「無責任な情報を流布しないでほしい」と栗城さんに釘を刺しに行ったのだ……。私にはそうした趣旨の連絡はなかったが、この件について言えば私も栗城さんと同じ釘で刺されるべき立場だった。

ようやく連絡がついた栗城さんを、森美枝子さんに引き合わせたのは、二〇〇九年一月上旬のことだった。森さんから私に「見てほしいものがある」と電話が入り、私もその内容に驚いて、栗城さんの携帯をしつこく鳴らし続けたのだ。

森さんと一緒にマナスルに登頂した元隊員で京都に住む内田昌子《まさこ》さんが、重要な資料を見つけ出し、森さんに送ってくれていた。

宮下岳夫さんが遠征した翌年、一九九七年の記録だった。マナスルに登頂した明治大学山岳部ＯＢ隊の一人が、日本山岳会の会報にこう記していた。

『前日アタックしたスロバキア・パーティーのひとりがフィックスロープにつながった状態で死亡しているのを発見した』

そのＯＢは、会報に寄稿しただけではなかった。

撮影していたのだ。死亡した「スロバキア・パーティーのひとり」を……。

「その映像を貸してもらえないか、頼んでみる」と森さんは言った。

明大ＯＢ隊は男性九人から成るパーティーだったが、そのうちの一人は以前札幌に住んでいて、森さんと交流があった。栗城さんも「見たいです」と興奮気味に言った。

数日後、そのＤＶＤが届いた。ところが……栗城さんはまたも音信不通となり、一週間以上経っても返事がない。さすがに私も業を煮やし、留守番電話にこんなメッセージを残した。

「いつまでも待たせていられないんだ！　早く連絡を寄こせ！」

それでようやく、栗城さんから電話があった。

翌日、森さんの自宅の近くで待ち合わせた。彼は不貞腐れたようにボソリと言った。

「時間がないんで、十五分だけですよ」

ＤＶＤがプレイヤーにセットされた。

撮影は遠慮してほしい、という森さんからの要望で、その場に撮影スタッフはいなかった。私と栗城さんだけだ。それは、息を呑む映像だった……。

赤いダウンを着た登山者が、
うつ伏せになった状態で横たわっている。

顔はわからない。
だが、この赤いダウン……
見覚えがあった。おそらく栗城さんも……
カメラがゆっくりと近づいていく。
その動く画面の、右側から、
歩く登山者の背中がフレームインした。
明大山岳部OB隊の一人だろう。
その隊員は、遺体のそばで、
自分のリュックを下ろした。
そして……
赤いダウンの登山者を、
後ろから、ゆっくりと、抱き起こした。
カメラが回り込み……
前方から遺体を……
とらえた。

白人の男性だった。

口のまわりに、ヒゲをたくわえていた……。

男性は整った顔立ちをしていた。瞼を閉じ、わずかに口を開き、眠っているような穏やかな表情を浮かべている。体を揺すれば目を開けそうな気がした。死んでいるとは思えない。生気を残している。

遺体はＯＢ隊の一人に上体を支えられて、雪面に腰かけるような体勢を取っていた。その谷側から、遺体を正面に見て、別の隊員がカメラを回している。表情、服装、周囲の状況……異郷で思わぬ最期を迎えた登山者を克明に記録していた。

男性が身につけている赤いダウン……間違いない。この十一年後の二〇〇八年に栗城さんが撮影したときには原形をとどめていなかったが、「ジャパニーズ・ガール」の着衣だ。

端整なマスクにヒゲをたくわえた「スロバキアン・ジェントルマン」は、白地に赤い模様が入った帽子を被っていた。

《この帽子だったのか……》

栗城さんが撮影した遺体は、腹部に柄模様の布のようなものを載せていた。初めは着衣に描かれているのかと思ったが、デザイン的に奇異だった。何だろう？　とずっと考えていたのだ。この帽子だ。白骨化が進んで頭部が小さくなり、帽子が外れていたか、外れそうになっていたのだろう、その状況を見かねた登山者が遺体の腹部に置いたのだ。

もう一つ、大きな謎が解けた。

遺体はなぜ、あの場所にずっと留まっていたのか……？

ロープだ。スロバキアの登山者は右手でフィックスロープを摑んだまま息絶えていた。すがりつく登山者を守れなかった命綱は、彼が腰につけたカラビナ（ロープを通す金属リング）とつながっていた。ロープで岩とつながっていたから、マナスルの強風にも吹き飛ばされることなく、遺体は壁と一つになっていたのだ……。

私の疑問は一つずつ解けていった。ついには、遺体となった男性の名前までわかった。ミロスラフ・リバンスキーさん（四十一）である。京都の内田昌子さんが、今度は「日本ヒマラヤ協会」の会報『ヒマラヤ』を送ってくれた。一九九八年一月の会報だった。

『北東稜から挑んでいたペテル・スペルカ隊長（42）率いるスロバキア隊は10月８日、ミロスラフ・リバンスキー（41）とユラト・カルドホルト（31）の両隊員が登頂したものの、リバンスキーはＣ３（７４００ｍ）からＣ２（６７００ｍ）への下降中に心臓発作を起こして死亡、カルドホルトは８日から９日の間に消息を絶った』

一カットの動画から始まった遺体のミステリーは、ようやく出口が見えてきた。

明大山岳部ＯＢ隊の映像は、切ないエンディングを迎えていた。

リバンスキーさんの上体を左腕で支えていた隊員は、その体勢のまま右の手だけで合掌した……。

いつまでもこうしているわけにはいかない。標高七四〇〇メートルの高所だ。空気は薄く、疲れもたまっている。雪もちらついていた。そろそろ下りなければ……。

隊員はリバンスキーさんを雪面に座らせたいと思ったようだ。わずかな時間だったが、亡骸を支えたまま、その腰を持ち上げるような、肩のあたりから雪面に押し付けるような、ぎこちない動きを見せていた。元の、雪に突っ伏した状態にするのが忍びなかったのだろう。

しかし、リバンスキーさんの上体は前に傾き、谷側の雪面に転がりそうになる。ロープが引っかかっているのか、斜面の角度、あるいは体勢の問題なのかはわからない。

どうにかリバンスキーさんを座らせた……映像はそこで終わっている。

「ジャパニーズ・ガール」は、頭を谷に向けて、凍りついていた。リバンスキーさんが座っていた時間は、長くはなかったと思われる。

登山家とは何か?

映像に圧倒されて、私たちは黙り込んだままだった。「うーん、でも」と、栗城さんがようやく声を振り絞った。

「行方不明になったＳさんは、それじゃあ、どこにいるんでしょうねえ？」

《そこかい？》と少し呆れたが、実は私の方が受けたショックは大きかったかもしれない。

「ジャパニーズ・ガール」の映像を見て三カ月、私はこれを《番組に描きたい》と準備を始めていた。栗城さんのエベレスト挑戦とは別の番組に、だ。

遺体のミステリーを紐解きながら、「人はなぜ山に登るのか？」という永遠のテーマを問う。見応えのある番組になると確信していた。

そして迷った末に、Ｓさんの弟であるＦさんに連絡を取ったのである。

仮に遺体がＳさんではなかったとしても、山で肉親を失った家族の思いを番組に構成したいと考えたからだ。リバンスキーさんの映像を見る一カ月前だった。

「えっ！」

私が電話をしたとき、Ｆさんは驚きの声を上げた。

私は「一部のシェルパが言っているだけで、確証はありません」「むしろ山の専門家は、別人だろうと話しています」と付け加えたが、軽率な行為だったと反省している。中途半端な情報で遺族の胸をざわつかせ、かさぶたになっていた傷口から再び鮮血を噴き出させた……。情報が集まらないことに焦って、私の中にあるテレビ屋の野心が先走ってしまったことは否定できない。

Ｆさんは実直な紳士で、私の流した情報を「迷惑」とも「お節介」とも受け取らなかった。

後日「別人だとわかりました。お騒がせして申し訳ありませんでした」と詫びたときも、「情報をありがとうございました。あなたが取材している登山家の方に、『くれぐれも命を大切に』とお伝えください」と言ってくれた。

真相が明らかになるきっかけを作ってくれた森美枝子さんは、年長者の柔らかな口調で栗城さんに声をかけた。

「もうこのことは忘れて、次のエベレストに集中して」

頷く以外の選択肢は、栗城さんにはなかった。森さんは栗城さんに餞別《せんべつ》まで手渡した。

「でも、これだけは言わせて。あなたは、マナスルには登頂していない。栗城さんが登ったのは手前のコブ。本当の頂上はその先にある。それはわかっているわよね？」

口調は穏やかだが、強い目だった。栗城さんは渋い顔になった。

「あのナイフリッジを進んだら、絶対に落ちると思いましたから……」

マナスルで自撮りのカメラに正直に語っているように、栗城さんはそこが本当の頂上ではないことを知っていた。嘘をついたわけではないのだ。一方で「この地点で登頂が認定されます」とも言っている。認定ピーク、というやつだ。

森美枝子さんたち日本女性マナスル登山隊の三人はどうだったか？

標高八一三三メートルのコブに到達した際、シェルパが握手を求めてきた。シェルパは仕事だ。少しでも楽に終われればありがたい。認定ピークという摩訶《まか》不思議な言葉を生み出し、「セーム、セーム」と登山者を説得する。それは森さんの時代も栗城さんの時代も変わりはないようだ。だが、森さんらは「ここはニセ・ピーク。あそこまで登らないと、登頂したとは言わないの！」と、シェルパに毅然《きぜん》と抗議をして、更なる高み、標高八一六三メートルの本当の山頂を目指した。

標高差、三〇メートル。しかしそこには、天と地ほどの開きがある。取材を通して多少は山について学んだ私は、はっきりとそう思った。

渇望するように頂を目指すのが、登山家ではないのか？

《シェルパも「認定される」と言っているし、もう登らなくてもいいや》

本当の山頂が目の前にあるのにそう思う、思えてしまう、栗城さんのメンタリティー。

《この人を登山家として描いていいのだろうか？》

黒い霧のような思いが胸に湧き上がってくるのを、私は感じていた。

風化する遺体

「ジャパニーズ・ガール」の企画は、遺体がSさんではなかったこととは別の理由で見送られた。予算だ。ネパールに加えて、リバンスキーさんの故郷スロバキアまで取材の足を延ばさなければ成立しそうにない。

私にできることは一つだけだった。カトマンズのボチボチトレックに連絡をすることだ。

あの遺体はリバンスキーさんであり、Ｓさんではないことを、私は伝えた。その上で、Ｓさんの遺族や元隊員たちの心情に配慮して、遺体を「ジャパニーズ・ガール」と呼ぶことは控えるべきだと言わせてもらった。

「わかりました。うちのシェルパにも、他の主だったツアー会社にも伝えます」

ティカ社長はそう約束してくれた。


翌年の二〇一〇年、ティカさんからメールで写真が送られてきた。あの遺体だった。

初め、それは砂浜の流木に見えた。そこには下半身がなかったのだ。腰のあたりから体が千切れている。

頭は骨の塊と化して、雪と白さを競っていた。頭頂部は陥没し、その陥没した部分にあった骨は、割れた陶磁器の欠片《かけら》のような三角形をして、残りの骨とかろうじてつながっている。頬のあたりに真っ黒な皮膚がくっついているが、それはもう顔と呼べるものではなかった。歯だけは確認できた。

赤いダウンはボロボロで薄っぺらなただのビニールだ。風変わりな芸術家が、山に退廃的なオブジェを置いたようにも見えた。
ヒマラヤの雪と風、そして太陽……。「ジャパニーズ・ガール」は遺体ですらなくなりつつあった。

二〇一九年、私はボチボチトレックに確認した。リバンスキーさんの遺体は、その後、年を追うごとに小さくなったという。風に飛ばされたのか、今はもう登山ルート上にはないそうだ。

栗城さんはマナスルに登った七カ月後の二〇〇九年五月、ダウラギリでも、山頂付近に横たわる登山者の遺体を撮影した。

「ポーランド人だ」

無線を手にしたＢＣのシェルパが日本語で伝えていた。

空は明るく、「ジャパニーズ・ガール」よりも映像は鮮明だった。栗城さんの顔の蒼白さもわかった。怯《おび》える顔を自撮りしていたのだ。

「遺体だ……遺体だ……」

そう言ってからカメラを右に振ると、紫色のダウンを着た登山者が仰向けになっていた。ボボボッと強風がカメラのマイクを叩く音がする。着衣はそよぐが、登山者はピクリとも動かない。その映像に、栗城さんの声が被さった。

「安らかに眠ってください」

二〇〇八年に「ジャパニーズ・ガール」を撮影した十年後……。

栗城さん自身の亡骸は、死亡したその日のうちにエベレストの麓の町ルクラを経由して、ネパールの首都カトマンズまで運ばれた。スタッフが日本に搬送し、死亡から九日後の二〇一八年五月三十日、北海道せたな町で葬儀が営まれた。

栗城さんは、Sさんとリバンスキーさんに、もう会っただろうか？

第四幕

エベレストを目指す「ビジネスマン」

費用も「最高峰」

時間は、マナスルをめぐる出来事から少しさかのぼる。

私が栗城さんのエベレスト初挑戦を念頭において撮影に取りかかったのは、二〇〇八年初夏だった。その時点では、彼の事務所に他の放送局から正式な取材のオファーは届いていなかった。

しかし、頭の痛い問題があった。取材にかかる高額な費用である。

まず必須となるのが、エベレストへの入山料だ。二〇一九年の数字では、ネパール側から春にノーマルルートを登る場合、一人につき一万一千ドル（およそ百二十万円）をネパール政府に支払わなければならない（秋だと半額の五千五百ドル）。

一般の登山者がエベレストに登ろうとしたら、旅行代理店が客を募って隊を組む「商業公募隊」に加わることになる。

日本の会社で代表的なのが、東京の「アドベンチャーガイズ」だ。同じく二〇一九年春の料金は、カトマンズ集合解散の四十九日間で、七百八十万円だった。

これには入山料、ロープが張られたルートの使用料、カトマンズとルクラ間の往復航空券代、食事代、シェルパやキッチンスタッフのギャラ、トラックや家畜ヤクでの移動運搬費、一人で寝られる個人テント、ＢＣでのゴミ処理代金、酸素ボンベ使用料などが含まれる。日本人ガイドが同行し、食事も日本食が出る。

東京とカトマンズの往復航空券は十五万五千円で別途手配となる。保険は含まれていない。

ツアーに参加するには「標高七、八〇〇〇メートル以上の高所経験があること」「斜面でアイゼン（靴底に滑り止めとして装着する金属製の爪）、ピッケルを確実に使うことができること」などの条件がある。二〇一九年は五人が参加して全員が登頂を果たした。

外国の公募隊と協力関係にある日本人ガイドに申し込む方法もある。この場合、外国公募隊の一員となるが、ガイドは日本人が担当する。もっともリーズナブルなのは、現地のトレッキング会社が主催するツアーに直接申し込む方法だ。それでも三百万円程度はかかる。サービス内容は千差万別だ。

撮影となれば、更に三万ドルの撮影料が上乗せされる（二〇〇九年当時）。地方の放送局の手に負えるロケではない。正直にそう話すと、栗城さんは笑顔で応じた。

「こちらで山岳カメラマンを最低でも二人は雇うつもりです。河野さんが現地に行くとしても、ご自分の交通費と滞在費だけで済みます。赤字にはなりません」

旅費の他、栗城さんの事務所に支払う映像使用料もかかってくるが、「赤字にはならない」とは「予算に応じて相談に乗ります」という意味だと彼は言う。

栗城さんは、山岳撮影に長けた東京の映像技術会社にパイプを持っていた。二〇〇七年春、初めてのヒマラヤ、チョ・オユーに遠征したときからのつきあいだという。このときの登山の様子を、北海道内の他の放送局が番組にしていた。ヒマラヤを映した鮮明なハイビジョン映像がふんだんに用いられているが、局のスタッフは現地には行っていない。東京の技術会社のスタッフが撮影した映像である。

のちに栗城さんの登山の代名詞となる、インターネットでの動画配信もチョ・オユーから始まった。動画配信サイト「第2日本テレビ（後の日テレオンデマンド。二〇一九年サービス終了）」に、栗城さんは現地から連日のようにリポートを投稿している。人気番組『進め！電波少年』を手掛けた土屋敏男プロデューサーの企画だった。

「ニートのアルピニスト」——栗城さんにはそんなキャッチコピーが付けられていた。

「ボクはバイトを欠かさなかったので、ニートじゃなくてフリーターなんですけどね」と栗城さんは笑いながら私に話していた。

栗城さんの言う「自前の撮影スタッフを雇う」スタイルは、私にとって非常にありがたいものだった。栗城さんサイドで現地から存分に動画配信を行ない、遠征が終わった後、持ち帰った映像素材を借りて番組にまとめる。この形なら、エベレスト企画に私も一枚加われそうだと思った。

番組が作れるばかりか、ＢＣまで同行してこの目で彼の挑戦を見ることができるとしたら……私は武者震いに似た爽快な興奮を覚えていた。


私は企画書の作成に取りかかった。全国放送の人気番組に提出してみようと思ったのだ。多少は登山についての蘊蓄《うんちく》を盛り込まなければ、企画書として格好がつかない。資料を斜め読みするうちに、私の心はヒマラヤに飛んでいた。

西方のカラコルム山脈も含めた広義のヒマラヤ山脈は、東西二千四百キロに及ぶ。日本列島とほぼ同じ大きさだ。約五千万年前、インド洋の海底だった場所が地殻変動によって高山となった。

地球上に八〇〇〇メートルを超える峰々が存在することを明らかにしたのは、十九世紀半ば、イギリスの植民地だったインドの測量局である。エベレストの山名は、その長官を務めたジョージ・エベレストから命名された。

第二次世界大戦後、「ヒマラヤ・オリンピック」と称される時代に入る。十四座ある八〇〇〇メートル峰の初登頂に各国が鎬《しのぎ》を削ったのだ。一九五〇年、フランス隊がアンナプルナ（八〇九一メートル・世界十位）で凱歌をあげたのを皮切りに、一九六四年、中国隊のシシャパンマ（八〇二七メートル・世界十四位）登頂で、十四座すべての頂が踏まれることとなる。

日本人でエベレストに初登頂したのは、松浦輝夫氏（一九三四～二〇一五年）と植村直己氏である。一九七〇年五月十一日だった。当時は「極地法」といって、大人数の隊がBCから物資を運び、C1、C2……と前進キャンプを作りながら登っていく登山法が主流だった。一九〇〇年代初めの北極や南極探検に用いられた方法である。また、酸素ボンベを使うことが高所登山の必須条件と考えられていた。

しかし一九七八年、イタリアのラインホルト・メスナー氏が、友人のペーター・ハーベラー氏と二人だけで、しかも無酸素でのエベレスト登頂を成し遂げたことで、登山と医学の常識は覆された。メスナー氏は、一九八〇年には単独無酸素での登頂にも成功する。以後、酸素ボンベを持たず、必要最小限の装備で、スピーディーに山頂を目指す登山家が増えていく。栗城さんが標榜するのもこのスタイルである（超高所をヨーロッパ・アルプスと同じように登ることから「アルパインスタイル」という)。

日本の登山家が無酸素でエベレストに初登頂したのは、一九八三年十月八日。競うように頂を目指した二つの隊の合わせて五人が達成した。いずれも当時「国内最強クライマー」と呼ばれた精鋭たちだ。そのうちの一人が吉野《よしの》寛《ひろし》氏である。吉野氏は下山中に滑落死を遂げるが、氏がこの挑戦の前に語っていた言葉に私はしびれた。

『八、〇〇〇メートルの高さも、酸素を吸う事によりその高さを三分の一の三、〇〇〇メートルにしてしまうならば、暇とお金をかけてわざわざ八、〇〇〇メートルに登ることはない』

(吉野あつ子発行『稜線—追悼 吉野寛—』一九八五年・私家版)

こんな言葉も引用しながら、私は番組の企画書を書いた。提出前に内容の確認をしてもらおうと、栗城さんにメールで送った。

『面白そうです。読んでいてワクワクしました!』と返信があった。

私の知る女性「7サミッター」

私の知人にも、エベレストで危険な目に遭った女性がいる。

久末眞紀子《ひさすえまきこ》さんという。

私は登山経験が豊富な職場の先輩に誘われて、日高山脈の幌尻岳《ぽろしりだけ》（二〇五二メートル）に登ったことがある。一九九三年の夏のことだ。同じパーティーに先輩の知り合いだった久末さんがいた。当時、財団法人の臨時職員で四十四歳。私は三十歳だった。

私もズブの素人だったが、久末さんは経験以前の問題として体力がなさすぎた。序盤ですでに足元がおぼつかなくなっていた。見かねた先輩が、彼女に背負っていたザックを下ろさせ、それを私のザックの上にロープでくくりつけた。私は二人分の荷物を背負わされたのだ。「ごめんね」と詫びる久末さんに「大丈夫ですよ」と笑顔を作ったが、内心、舌打ちしていた。

山頂に何とかたどり着くと、久末さんは麓の方を見下ろしてしみじみと言った。

「もう来られないね……」

その久末さんが、十一年後の二〇〇四年、エベレストに登頂を果たす。

しかも翌二〇〇五年には南極のビンソンマシフに登り、七大陸の最高峰を制してしまった。日本人女性としては、田部《たべ》井淳子《いじゅんこ》さん（一九七五年、エベレストに女性として世界初登頂）、難波《なんば》康子《やすこ》さん（一九九六年にエベレスト登頂後、猛吹雪に遭い死亡）に次ぐ、三人目の「7サミッター」となったのである。

久末さんの著書『世界のてっぺんに立った！』（二〇一〇年・北海道新聞社）には、幌尻岳での体験も記されている。『私のザックを下ろさせ、若者のザックの上にくくりつけた』と、私が「若者」として登場する。

久末さんが本を出した二〇一〇年、私は情報番組の中で彼女の特集を組むことにした。その際、久末さんからこれまでの活動を記録したビデオテープを借りたのだが、その中に栗城さんが映っていて驚いた。

二〇〇六年、久末さんが札幌市内で講演する様子を映したテープだった。栗城さんは大学を卒業する年で、まだ四つの大陸最高峰にしか登っていなかった。講演の司会者が「学生登山家の栗城さんも来ていますね」と、会場の後ろにいた彼にマイクを渡したのだ。

「久末さんが七大陸最高峰に登ったと聞いて、正直『チクショー』と思いました。エベレストはどうでした？」

そう尋ねた栗城さんに、久末さんは静かに返した。

「エベレストは相当厳しいと思いますよ。他の六つの山とは全然違います」

二〇〇四年。エベレストを登っていた久末さんは、標高八〇〇〇メートル付近で四、五人の無酸素登山者を追い越した。前出の著書にはこうある。

『羽毛に身を包んだ大きな男たちが亡霊のように彷徨《さまよ》っている。よろよろ足を運んでは立ち止まる。カタツムリのような、気が遠くなる歩みだ。私がスムーズに歩けるのは酸素のお陰だ』

登頂を果たした久末さんだったが、下山中ボンベの酸素が底をつき、歩くペースがガクンと落ちてしまう。「日が暮れる。死んでしまうぞ」と急かすシェルパに、「下りて！」と叫んだ。

『君たちの人生を終わらせることはできない。ここに残る』

シェルパの二人が下のキャンプまで下り、替えの酸素ボンベを持って上がってきた。命を失っていてもおかしくはなかった、と久末さんは振り返る。

久末さんと栗城さんの思いがけない対話を目にした二〇一〇年、私はもう彼の取材をしていなかった。私がかつて荷物を持ってあげた久末さんが、「エベレストは厳しい山だ」と栗城さんに話していることに、何とも不思議な思いがした。

四十代から登山を始め、生活を切り詰めて遠征資金を捻出し、七大陸の頂に立った久末さんの努力と執念は、並大抵のものではなかったはずだ。しかし失礼ながら、私は同時に思ったのだ……エベレストはもう、誰もが目指せる場所になったのだ、と。

消滅した番組

二〇〇八年の八月末。私はマナスル遠征を間近に控えた栗城さんの車に同乗していた。彼に登山用具を提供する専門店を取材した後、仲間との壮行会が開かれる飲食店に向けて移動中だった。携帯が鳴る音がして、栗城さんは道路脇に車を停めた。

「はい……そうなんですよ……いやあ、でも……一度出してもらったら、その後、何も言えなくなっちゃいそうで……」

声のトーンがいつになく暗い。電話の相手は事務所の児玉佐文さんのようだ。会話の内容は私にもおおむね把握できた。

二人が話しているのは、Ｏ氏のことだ。東京の支援者から紹介された会社役員である。

「山の資金はこちらで調達するから、君は登山に専念しなさい」

栗城さんはＯ氏からマネージメント契約を持ちかけられていたのだ。結局、マナスル遠征費用の一部、数百万円をＯ氏に負担してもらうことになった。

そのＯ氏から私のもとに電話がかかってきたのは、それから三カ月近く経った十一月のことだった。栗城さんはすでにマナスルから帰国していた。

いつしかＯ氏はメディアの差配もするようになっていたのだ。

「仕事を抜きに男としての話をしたい」

Ｏ氏の第一声は、そんな時代がかった言葉だった。嫌な予感を抱きながら上京し、港区にあるＯ氏の会社を訪ねた。中に入ると、そこには栗城さんと児玉さんもいた。二人がＯ氏の隣、つまり私の向こう側に座っていることに釈然としないものを感じた。

Ｏ氏は当時六十代後半。丸顔で短髪、田舎のお父さんぽい風貌だが目つきは鋭い。

「おたくの局とは早くから仕事の約束をしているようだが、こちらとしてはエベレスト挑戦を大がかりに展開していきたい。つまり、他局にも売り込みを図りたいということだ」

「仕事を抜きに」と言っていたが、他にする話などない。予想した通りの内容だった。

私はＴＢＳ系の人気番組に、すでに栗城さんの企画を通していた。

「スケール感があるし、主人公のキャラクターがいい。ぜひこの番組で全国デビューしてもらいたい」と担当プロデューサーは乗り気だった。地方局が制作を請け負うのは初めてのケースで、「その意味でも成功させたい」とまで言ってくれた。

栗城さんサイドとして、できるだけ多くのメディアに取り上げられたいと希望するのは当然のことだ。また、他局が放っておくわけがないだろうと、私も覚悟はしていた。しかし、仕事には信義則がある。真っ先に手を挙げた制作者をないがしろにされては困る。

私の向かいに座っていた栗城さんは一言も喋らない。普段とは別人のように無表情だ。話すのはもっぱらＯ氏だった。私とＯ氏は二時間近く話して、二つの約束を交わした。

一つは「他局と取材内容が重なる場合は、北海道放送の取材を優先する」。

これはたとえば、栗城さんの帰省や墓参り、遠征前のトレーニングなど、その場に二つ以上のカメラがあると取材がしづらい状況を想定している。

もう一つは「他局が番組を放送する場合、その放送日時は、北海道放送制作のＴＢＳ系番組より後ろに（遅く）設定する」。

私の作る番組が一番早く放送される、ということだ。

私はその場で、携帯から上司に電話をかけた。Ｏ氏の目を見ながら、合意した内容を上司に伝えた。後から「言った、言わない」にならないよう証人を作ったのだ。

Ｏ氏の会社を出てから、ようやく栗城さんが言葉を発した。「何だかすみませんねえ」と白い歯を見せる。

「笑い事じゃないですよね」

私はまっすぐ彼の目を見た。

会社の代表は栗城さんである。本来、彼からあるべき話なのだ。児玉さんは私に何度も頭を下げたが、栗城さんは「じゃあ、よろしくお願いします」とどこかにいなくなった。その後私は、番組プロデューサーに冷や汗をかきながら事情を説明し、了承を得た。

しかしこの番組は……結局実現しなかった。

他の放送局が、私の放送予定より早く、二〇〇九年二月に一時間のドキュメンタリー番組を放送することになったのだ。『私の制作する番組より先に放送することはない』という約束に違反している。Ｏ氏にも栗城さんにも強く抗議をした。だがＯ氏は「内容的にエベレストの話ではないというから、かち合わないと思った」と言ってのけた。

私の企画を通してくれたプロデューサーの「この番組から全国デビューしてもらいたい」という熱い言葉は、栗城さんにもＯ氏にも伝えてあった。制作者は皆、自分の番組に誇りがある。特にＴＢＳ系のその番組は視聴率も高く、国民的番組と呼べるほどの認知度があった。

こちらは一方的に譲歩してきたのだ。「他局からこういう趣旨で取材の依頼が入ったが、問題はないか？」と一言あってしかるべきだろう。「男としての話をしたい」などと言っておきながら仁義をないがしろにするとは、どういう了見なのか？

　私は番組プロデューサーに事情を告げ、「その局より早く放送しましょう。作業を急ぎます」と言った。二〇〇九年の一月末のことだ。二週間ぐらいで仕上げなければならないので作業はきついが、こちらにも意地がある。O氏にもそう宣言した。

　ところがO氏は、渋い顔を見せた。

「何も言わなかったのは失礼だったかもしれないが、急にそちらの放送が早まるとはちょっと向こうに言えないなあ」

　私は番組プロデューサーに平に謝罪した。O氏が後見人では、いつどんなトラブルがまた起きるかわからない。自分の勤める局ならともかく、全国放送の番組に迷惑をかけるわけにはいかなかった。二度とこの番組には企画を出せない……と覚悟した。

　企画が最終的に流れたことを栗城さんに告げると、その晩、長文のメールが届いた。それを読んで私は愕然とした。

『O氏と河野さん両方から（筆者注・河野の企画が）ダメになったと聞き、非常に腹が立ちました。みんな自分の立場だけを主張し、肝心な栗城の登山をどう思っているんだ！　という感じです』

『エベレストで一番重要なのは実は単独で登ることではなく、インターネット中継にあります。この時代の先にある冒険をだれも撮ろうと思っていないし、気づいていません。「繋がり」をもって登山する新しい冒険だということに誰も気づいていないのです。それが、他が行くから俺は行かないとか、他が先にやるなら俺はやらないとか、O氏も河野さんも自分のことばかりで重要なことを見落としています。僕は、新しい冒険を是非河野さんに撮ってもらいたいです。栗城を自分のいいように利用するのではなく、新しい冒険の時代の幕開けを多くの若者に伝えてもらいたいです。もう大人の変な駆け引きはうんざりです』

　彼がインターネット生中継を「夢の共有」と呼び始め、実現への意欲を熱く語り始めるのは、まさにこの時期からなのだが、それはひとまずおく。

「大人の変な駆け引き」とメールに書かれているが、私は子どもと交渉してきたつもりはない。栗城さん自身も大人であるはずだ。こうした状況を生んだそもそもの原因は誰にあったのか？断じて私ではない。O氏でもない。

「株式会社たお」の代表、栗城史多さん、あなたにある。

　代表がちゃんと情報を整理し、軽々しい約束はせず、後見人任せにするのでもなく、自分の希望や意見を内にも外にもしっかりと説明していればこのような事態は招かなかった。

　栗城さんは、その責任を一切感じていない。すべて周りのせいだと信じ込んでいる。そうとしか思えない。

《この人は何者なのか？》

彼からのメールを読んで、私の中では、怒りよりも「それを知りたい」という思いの方が強くなっていた。

「もう取材はやめるぞ！」と立腹する上司に、私は「経費は極力抑えるので、もう少しだけ」と頭を下げた。

これまでの取材にかかった費用を多少なりとも回収するには、番組にしてセールスをかけるしかない。上司も渋々認めてくれた。

栗城さんはその後まもなく、Ｏ氏とも袂《たもと》を分かつことになった。

「七大陸単独無酸素」は虚偽表示

全国放送の番組が流れた後、私の栗城さんに対する取材モードは「応援する」から「観察する」にシフトしていた。彼という人間を、冷静に、注意深く、見つめようと考えていた。

二〇〇九年の二月上旬。栗城さんの抗議メールから四日後のこと。私は彼のマンションの前にいた。朝一便で東京に向かう彼を取材するためだ。

やがて「おはようございます」と栗城さんが現れた。目は合わせなかったが、私の前でいったん立ち止まって少し頭を下げた。普段見せない仕草だった。

《少しは反省しているのかな》と私は思った。


栗城さんの人物評を尋ねると、こう答える人が多い。

「憎めないヤツ」

一方で、山の先輩Gさんや、初期の応援団長だった札幌の某弁護士のように、心のメーターが「かわいさ余って……」に振り切れた人もいる。

私自身はどうかというと、彼を目の前にするとそれまで抱えていた不満や怒りが萎《な》えていく感覚があった。どうも強く言えないのだ。持って生まれた愛嬌もあるだろうが、それだけではない気がする。

一つ告白しておかなければならない。

私は彼のある言葉を、「虚偽表示」や「誇大広告」の臭いを感じながらも、「まあ本人が言っているのだから」と番組の中で垂れ流してきた。

彼が掲げる『単独無酸素での七大陸最高峰登頂』が、それだ。栗城さんに初めて会ったとき、彼は「酸素ボンベは重いし高価なので、これまで登った六つの最高峰では使わなかった」と私に語った。しかしそれは、彼のいわば「ネタ」だった。

どういうことか？

そもそも酸素ボンベを使って登るのは、八〇〇〇メートル峰だけなのだ。つまり七大陸最高峰のうち、エベレストのみ。他の六つの最高峰にボンベを担いで登る人間など、端《はな》からいないのである。「単独無酸素」と「七大陸」がセットになること自体、ひどく誤解を生む表現なのだ。

栗城さんの夢を正確に表現するなら……。

『単独での七大陸最高峰登頂、および無酸素でのエベレスト登頂』

私は全国放送の番組に出した企画書に、彼が語った「酸素ボンベは重いし……」のくだりをそのまま書いた。しかし不勉強を自覚しているから、提出前に確認を求めた。栗城さんは「面白い」としか言わなかった。企画書の段階とはいえ、テレビは不特定多数の人に見てもらうものだ。そこに描かれる主人公なら「河野さん、勘違いしていますよ。ここ直してください」と、視聴者に誤解を与えないよう注意を払うのが普通ではないだろうか。

日本ヒマラヤ協会の大内倫文さんともこの話題になった。「国語力の問題じゃないですよね？」と私が言うと、大内さんは「まさか」と笑った。

「確信犯だよ。スポンサーから金を引き出すために、しれ～っと言ってんだ」

メディアや講演会の聴衆にアピールするためにも、キャッチーな言葉が必要だったのだろう、正確な表現よりも。

私が栗城さん本人に『単独無酸素での七大陸最高峰登頂』という表現の是非について問い質

したのは、二〇〇八年の十二月半ばごろだったと記憶している。彼の事務所だった。私がこの話をすると、彼の表情がとたんに陰った。

「新聞の記者さんには一人いましたけど、テレビの人でそれを言った人は初めてです」

彼はそう言ったきり、「もしもし、栗城です」と誰かに電話をかけ出した。その横顔が妙に寂しげで、私は自分が悪いことをしたような気分になった。

なぜそう感じてしまうのか、私なりに考えてみた。そして一つの仮説にたどり着いた。

栗城さんが鎧をまとっているからではないか？　「命を懸けて登っている」という鎧を。それに対して私は「引け目」のようなものを感じてしまうのではないか？

私の言うことがまっとうな批判であっても、もしその数カ月後、彼が山で死んだとしたら「あんなこと言わなきゃよかった」と私は後悔するかもしれない。

彼は私にこう話していた。

「ボクは普通の生命保険には入れません」

現在はエベレストを目指す「プロの登山家」でも加入できる生命保険はある。が、掛け金は高く、支給される上限額は低く設定されている。つまり彼は、死んでしまう確率が私よりずっと高い人間なのだ……。

そういう彼に「あなたは命懸けで生きているのか？」などと問われようものなら、私は返す言葉もなく俯《うつむ》くしかない。ちゃんと生きていない「引け目」のようなものが、私の中でうずく。

栗城さんに遠慮が働いてしまうのは、このあたりに理由があったのではないか。

　栗城さんの死後、大内さんがこんな思いを口にした。

「ヒマラヤ協会の会長は北海道出身なんだけど、『大内が甘やかすから栗城みたいな登山家が出てきちゃった。お前のせいだ』って叱られたよ。今にして思えば、もっと怒ってやりゃあよかったな。素人すぎて変に優しくしすぎちゃった気がする」

　甘やかしてしまった……そんな後味の悪さは、私の中にもある。

「今日の相手は手ごわいんですよ」

　出発前、私に詫びるような仕草を見せた栗城さんだったが、車が高速道路に乗るころにはいつもの彼に戻っていた。栗城さんがこの日出資を求めに行く大手メーカーは、業績不振を理由に、グループ全体で二万人規模のリストラを行なうと報じられたばかりだった。

　リーマンショックの後で自動車メーカーなど多くの企業が派遣や有期の労働者を解雇し、巷には失業者が溢れていた。二〇〇八年の大晦日から六日間、東京の日比谷公園に初めて「年越し派遣村」が開設され、ＮＰＯや労働組合が行き場のない人たちに食事や寝床を提供した。そんな不況のさなかだった。私はふと栗城さんに聞いてみたくなった。

「仕事や住む場所がなくなって困っている人が、今たくさんいますよね？　私なんかは、どこが先進国なんだ？　って企業だけじゃなく国に対しても腹が立つんですけど、栗城さんはどう思います？」

彼は「いやあ」と笑みを浮かべた。

「仕事を選んでるだけじゃないですかねえ？　ボクはバイトやめてもすぐに次のバイト見つけましたよ。前さえ向いてれば大丈夫じゃないですかね？　後ろ向きになるから、何もかも失くしてしまうんですよ」

「後ろ向きだったからリストラされたわけじゃないでしょう？」

「そうかもしれないけど、切り替えて前を向かないと。ボクの知り合いは『向き不向きより前向き』っていつも言ってますよ」

意外ではなかった。そんな答えが返ってきそうな予感があった。

公園で年を越す人たちは、パソコンなど持っていない。スマートフォンもまだ普及していなかった。彼らは栗城さんの動画の視聴者にはなりえないのだ。

栗城さんが「元気にしたい！」のは、実はすでにある程度元気な人たちだった。

「敵が手ごわいほどボクは燃えるんです。頑張りますよ」

彼は「ニートのアルピニスト」などではない。野心に燃える起業家のオーラがあった。

私は次に別の仕事があったので、栗城さんを新千歳空港の出発ロビーで見送った。その晩、栗城さんからメールが届いた。

『プレゼンうまくいきました。額は少なかったですけどね』

夜の公園で焚き火に手を翳《かざ》す人たちの姿が、私の頭に浮かんだ。

トレーニング中に倒れた「困ったちゃん」

二〇〇九年の二月と三月、私は栗城さんと頻繁に会っていた。彼がスポンサー回りや講演で留守にするとき以外は、毎日だったと思う。丸一日取材した日もあれば、営業の途中に街中で十分だけ、という日もあった。

私がBCまで同行することは全国放送の企画が頓挫《とんざ》した時点で諦めていたが、番組にしてセールスをかけなければならなかった。《もうあんな失敗は許されない》という思いもあり、私は彼の登山の進捗を逐一把握しておきたかったのだ。

あの「メール事件」以後、栗城さんの態度は明らかに変わった。

それまで私は、取材の突然の変更やキャンセルを彼から何度も食らっていた。最初のうちは、多忙なのだなあ、と同情すらしていたが、あまりに頻繁だ。何カ月も前からお互いのスケジュールを調整しあってセットした、Aさんとの婚約を祝う食事会まで当日の朝になってキャンセルされると、さすがに首を傾げざるをえなかった。

私はいつしか栗城さんを「困ったちゃん」と呼ぶようになっていた。もちろん面と向かってではない、自分の心の中でだ。

しかしこの時期の栗城さんは、ドタキャンがなくなった上に、私が以前から出していた撮影のリクエストに応えようとしてくれた。

栗城さんと出会って一年近く経過するのに、私たちは彼のトレーニングの様子を撮影していなかった。事務所や講演先ばかりで、同行するカメラマンも「登山家を撮ってる気がしません」と半ばキレ気味にこぼしていた。

「今度、冬山に登りますから撮ってください」

私たちは栗城さんの言葉に小躍りした。山まで行く日程は結局取れず、近場の支笏湖《しこつこ》周辺での訓練に変更された。酪農学園大学の先輩、森下亮太郎さんが一緒だった。湖畔の林道に車を置き、スキーを履いて十五分ほど登ると凍りついた滝があった。この滝をヒマラヤの氷壁に見立てて登るという。私たちが登るには森下さんにロープで補助してもらう必要がある。全員だと時間をロスするので、カメラマンだけ上げてもらった。

五時間ほどの訓練が終わると、栗城さんが真っ先に下りてきた。

「絶対いい画《え》が撮れたはずですよ」と、ニッコリした。

三月の頭には、フィットネスクラブに私たちを誘った。

「栗城のトレーニングなんて、ちょっと撮れないですよ」と自分で言うところが彼の「らしさ」だが、私は好意的に受け取った……《やはり番組が流れたことを、彼なりに、申し訳なかった、と思っているようだ。面と向かって「すみませんでした」と言えないタイプの人間なんだろう。根は悪いヤツじゃない》。観察モードの私が応援モードに再び舵を切ることはなかったが、彼への不信感は少しずつ鎮まっていった。

フィットネスクラブで栗城さんは、まずランニングマシーンに乗った。

他の利用者と明らかに違うのは、彼の口が黒いゴムのトレーニングマスクで覆い隠されていたことだ。肺活量と持久力を高めるマスクだという。

ズー、ファー、ズー、ファー。

シリコンのレギュレーターから映画『スター・ウォーズ』のダース・ベイダーの吐息のような音が漏れてきて、私は呆気《あっけ》に取られた。

やがてフロアに下りてマスクを外すと、彼は自ら考案したという「凍傷にならないための訓練」に移った。両手を顔より少し上に上げ、強く握ったり開いたり、あるいは左右の手でザイルを手繰り寄せるような動きをひたすら繰り返した。苦しそうに喘ぎながら、この訓練について解説してくれた。

「全身の、フー、毛細血管に、ハッ、血が、流れていく、ウッ、様子を、イメージしながら、クー、やる、んです」

栗城さんは二の腕と足の付け根に、左右とも黒いバンドをはめていた。加圧バンドだ、と教えてくれた。

「誰かに教わったんですか？」

この日の栗城さんは精悍《せいかん》なアスリートの顔をしていたが、私がそう尋ねた途端、表情が崩れた。

「藤原紀香さんです。テレビで加圧トレーニングをやってるのを見て、『これだ！』って」

栗城さんはマットの上で腹筋運動を始めた。ところが、わずか数回で動きを止めてしまう。フラフラした足取りで更衣室の方に向かったのだ。

なかなか戻って来ない。心配になって覗きに行くと、栗城さんはロッカーの前で倒れていた。ウッウッウッ、と声を漏らしながら、苦しそうに全身をくねらせている。

このとき、私は呼びに行こうとした……ジムのスタッフではない、カメラマンを、だ……。苦しんでいる栗城さんを「撮らなければ」と思った。

だが、彼と目が合ってしまった。私は栗城さんに近づいて、こう聞いた。

「大丈夫ですか？　ジムの人、呼んできますか？」

栗城さんは、私の心を見透かしていた。

「撮らないで……」

なぜあのとき、「いえ、撮ります！」と言わなかったのか、私は後からとても悔やんだ。

かっこ悪いと栗城さんは思ったのだろう。《テレビの撮影を意識してついやりすぎた》……

苦痛と混乱の中で「撮らないで」と発したのだと想像する。

だが、かっこ悪いから、かっこいいのだ。やりすぎてぶっ倒れるドジなところが愛おしいのだ。栗城さんのためにも撮っておくべきだった……。

オッチョコチョイだったり、危なっかしかったり、かわいく思えたり、腹が立ったり、呆れるしかなかったり……この人は本当に「困ったちゃん」だ。

登山は総合格闘技

ヒマラヤは春（四月、五月）か秋（九月、十月）に登るのが一般的である。夏は気温こそ緩むが雨季なので、雪の日や雪崩が多い。冬は気温が下がり、ジェット・ストリームが吹き荒れる。いずれも登山には不向きだ。

必然的に、栗城さんが日本にいるのは夏と冬になる。

栗城さんの事務所は、札幌の中心部から車で十五分ほどの好立地にあった。学校の校舎のような横長の形をした古い鉄筋四階建ての二階に入っていた。札幌市がクリエイターやベンチャー企業を支援するために出資した財団法人が管理するビルだった。２ＤＫで家賃七万円と格安だったのはそのためだ。一階には入所する人たちの交流スペースもあった。

事務所にいるときの栗城さんは、カトマンズのボチボチトレックに国際電話をかけて、次の登山の進捗状況を確認する。全国各地の講演会で交換した何百枚もの名刺を整理することもあった。「中にはレアカードもあるんですよ」と、政財界の要人の名刺をいくつか私に見せてくれた。会社の収支も自分で管理し、帳簿には「現在不足金額」と赤の太文字で書かれた項目もあった。携帯電話がひっきりなしに鳴る。聞かれてはマズイ話もあるようで、そういうときに私が居合わせると「あ、どうも、はい、はい」と携帯電話を耳につけ、喋りながら、登山用具が置いてある別室へと消えていった。

山を下りてからの方が、栗城さんは忙しいのだ。

登山は山に行くことができて、初めて成立する。当たり前といえば当たり前だが、そのために企画書を作り、人脈を広げ、スポンサーの獲得に励むのである。これは大変な芸当だと気づかされた。

営業マン、プロデューサー、出演者……何役も兼ねた自分の登山スタイルを、栗城さんはこう表現した。

「これは総合格闘技ですね」

彼が放つキャッチコピーにはキレがあった。

冴えていたのは、講演の場でも同様だった。

栗城さんのもとには、学校、医師会や弁護士会、そして様々な業種の企業から講演依頼が相次いでいた。講演後は色紙に『無酸素　栗城史多』とサインを書く。『登山家』と書くより『無酸素』と書く方が目に飛び込むインパクトが大きい。こうした細かな自己演出も巧みだった。

ある企業の営業セミナーに招かれたときのことだ。私が会場に入ると、栗城さんは控え室で企業側の担当社員と名刺交換をしていた。

「営業セミナーなんて、一体何を話せばいいんでしょうか？」と困ったような顔を見せていたが、いざ登壇すると——。

「ボクはいろんな企業さんを回らせていただきますけど、いきなりお金を出してもらおうなんて考えないんですね。まずその方と友だちになりたい、って思うんです。皆さんボクよりずっと人生経験があるし、お会いしていろいろ学ばせていただけます。山の資金につながらなくてもボクは満足です。仲良くなりたいという素直な心が営業の原点だと、ボクは考えています」

栗城流営業哲学を堂々と語ってみせた。自分に声をかけてくれたのがどんな団体で、今日はどんな話を求められているのか？　ＴＰＯに合わせて機転を利かせるのだ。

反対に、必ず披露する鉄板ネタもあった。「夢は叶う」という話も、その一つだ。

「ボクの夢は単独無酸素で七大陸の最高峰に登ることなんですが、この夢をボクはできるだけいろんな人に喋ろうと思っているんですね。夢は口に出すことが大事なんです」

彼はいつも、ここで少し間を取る。そして、

「口で十回唱えれば、叶う、という字になりますから」

「ほう！」とか、「うまい」「なるほど」といった声が客席から上がる。拍手も起きる。

後々気づくことになるのだが、栗城さんの講演術は「師匠」の大きな影響を受けていたのだ。

「人財」育成コンサルタント、黒木安馬《やすま》さんだ。

黒木さんは国際線の客室乗務員として日本航空に三十年勤務し、世界中のＶＩＰをもてなしてきた。その経験を基に「成功とは成幸である」という独自の成功哲学を樹立した。様々な自己啓発本も出版している。黒木さんの講演では、しばしば言葉遊びが披露される。

「絶対やるぞ、という思いは、『心』に、くさび、を打ち込むこと。『必』ず、という文字になります」

「『愛』という漢字は、まず『受』ける。何を？　相手の『心』を真ん中に」

「『米』を食って胃の中で消化されて『異』なるものが出てくる。すなわち『糞』です」

「何かを『十』年間『立』つ（断つ）のは『辛』い。でもこれを『一』途にやり通しちゃうと『幸（しあわせ）』になる」

栗城さんの「夢は、口で十回唱えると、叶う」は、師匠にならって、大好きな「夢」にひっかけた言葉遊びができないか思案したのだろう。

栗城さんとの出会いを、黒木さんは自身の著書にも綴っている。二〇〇七年九月、旅行会社

エイチ・アイ・エスの創業者、澤田秀雄さんとの講演会の場だった。栗城さんが会場で、南極大陸最高峰ビンソンマシフに再挑戦するための遠征資金を募っていた。

『「南極へは船も飛行機も定期便はいっさいありません。（中略）マゼラン海峡近くのチリ最南端にあるプンタアレナスの町から、軍用機をチャーターするしかないんです。（中略）一人当たり４００万円もする。だから、今回は誰かにカンパしてもらわないと、南極は難局になるんですよ」栗城君は、白い歯を見せてハハハッと軽く笑い飛ばす。なんとも陽気な、能天気といったほうがぴったりの不思議な青年であった。私も酔った勢いで言ってしまった。よっしゃあ、まかしたれ！』（『国際線乗務30年で観た成幸者たちの法則』二〇一九年・株式会社エフジー武蔵）

栗城さんを気に入った黒木さんは、自身が主催する勉強会に彼を呼ぶようになった。各界の重鎮にも引き合わせた。黒木さんに見せてもらった写真では、国土交通大臣や世界的なメーカーの会長など錚々《そうそう》たる人たちを間に挟んで二人が笑顔を見せていた。前首相夫人、安倍昭恵氏と撮った写真もあった。

一つの出会いが次のより大きなコネとなり、そのコネが更に太いパイプとなる。支援者やスポンサーのネットワークが広がっていく様を、栗城さんはこう表現した。

「ボク、わらしべ登山家、なんですよ」

マルチビジネスの「広告塔」？

一方で、そんな栗城さんに懸念を抱く人もいた。大学時代から彼を知るBさんは言う。

「栗城君が大学を卒業した後、二〇〇七年か八年だったと思うんですけど、札幌で開かれた彼の講演会をのぞいたんです。主催者の名義は札幌の夫婦でしたが、ネットで検索してみたら『日本アムウェイ』のディストリビューターでした。私はマルチビジネスの勧誘が嫌いなので、そのときは栗城君に忠告しました。『商売や政治の色がついているところをスポンサーにすると面倒だよ』って。そのときは『はい』と答えていましたけど、その手の講演は増えていったみたいですね」

アムウェイは日用品や化粧品、サプリメントなど様々な商品を「連鎖販売取引」する企業だ。一九五九年にアメリカで生まれ、日本を含む世界各国に拠点を持つ。登録した個人事業主が、年会費を支払って「ディストリビューター」（価格を自由に決められる卸売業者）となり、仕入れた商品を小売りして利益を得るシステムである。マルチ商法とかマルチビジネス、ネットワークビジネス、とも呼ばれる。

違法ではないが、「料理教室と思って行ってみたら、アムウェイの家電やキッチン用品のセールスだった」といった類《たぐい》のトラブルも起きている。そのため、その営業活動には「特定商取引法」で、「勧誘する際には先立って、勧誘者の名称を明示しなければならない」「相手方にとって特定の負担を伴う取引であることを告げなければならない」「一度断られた人を再度勧誘してはならない」など様々な制限が課せられている。

アムウェイに限らず連鎖販売取引の事業はたくさんあり、ディストリビューター向けの月刊誌まである。

二〇一〇年、栗城さんがエベレストに二回目の挑戦をしたとき、彼とのツーショット写真を撮るためにわざわざＢＣまでやって来た日本人がいた。五十代の女性だった。それまで勤めていた会社をやめて、日本アムウェイのディストリビューターとして活動していくので、「その前に元気をもらいに来ました」と笑顔で語ったという。このとき栗城さんに同行した森下亮太郎さんの証言だ。

大変な費用と労力をかけて撮影したツーショット写真だ。彼女の営業活動に使われた可能性は高いだろう。

事務所の児玉佐文さんは振り返る。

「講演には各地のアムウェイ関係者が来てましたし、『次はうちでもお願いします』という流れになることもあります。アムウェイ関係のギャラの規定がいくらだったか正確には知りませんが、彼の講演では五十万円もらったこともあれば百万円を超えたときもありました」

私は「日本アムウェイ」の広報に、栗城さんが「日本アムウェイ」の講演会に出るようになった時期やきっかけ、講演料を尋ねたが、「講演には弊社が企画したものもあれば、ディストリビューターの方々が企画したものもあり、回答は差し控えさせていただきます。ギャラについては非公開となっております」とのことだった。

栗城さんと講演会で何度も一緒になった山﨑拓巳《やまざきたくみ》氏は、かつてアムウェイのカリスマ・ディストリビューターだった。一九六五年生まれの山﨑氏は大学在学中にディストリビューターとなり、二十歳で一千五百万円を超える年収を得たという。現在は作家や画家として作品を発表する一方、「―夢―実現プロデューサー」としての活動も行なっている。

二人の出会いは二〇〇八年七月、静岡の熱海で開かれた『夢合宿セミナー』だった。栗城さんが千歳の「大将」石崎道裕さんに誘われて入会した「日本アホ会」のメンバーが主催したものだ。「スペシャル変人」として七人の講師が集まったが、その一人が栗城さんだった。のちに親交を深める元お笑いタレント「てんつくマン」氏も参加している。

このセミナーのことは、私も栗城さんから聞いていた。

「熱海に行って来たんですけど、メチャクチャ盛り上がりました！　すごい人たちと夢を語り合って、もう興奮しまくりでしたよ！」

このセミナーで栗城さんは山﨑氏らと意気投合した。

二〇〇九年ごろに栗城さんの東京事務所を手伝っていた、Ｃさんという女性がいる。私も当時、電話やメールで複数回やりとりをし、東京で一度会ったこともあるが、彼女は山崎氏のスタッフだった。一人で手が回らない栗城さんのために、自分のスタッフを貸し出すほどの仲だったことがうかがえる。

山崎氏に栗城さんへの思いを聞きたかったが、取材は叶わなかった。

「色がついたところをスポンサーにすべきではない」と栗城さんに忠告した先述のBさんは、その後、札幌から本州方面に転居した。二〇一二年の夏、居住する地域で栗城さんの講演会が開催されることを知り、久しぶりに会いたい、と会場に足を運んだ。

「ところが、講演の前、スクリーンに映像が流れて、てんつくマンが栗城君を応援するコメントを叫んでいたんです。彼はマルチビジネスの関係者として有名ですし、集まった人たちもどこかの宗教の信者のような、私の苦手なタイプでした。栗城君に挨拶するのもやめて、話だけ聞いて退散しました」

てんつくマン氏は、マルチビジネスについて自身のブログにこう綴っている。

「自分が頑張ったぶんだけお金が入るという厳しいシステムは人を育てる。中には強引に売りつけて問題を起こす人もいるだろう。でもそれは、どんな仕事だって起こりうることだ」

てんつくマン氏にも取材を申し込んだが、「今回はお断りします」との回答だった。

私はここでマルチビジネスの是非を論じたいわけではない。その世界で誠実に業務を行なっている人はごまんといる。私の知人も女性用下着のディストリビューターで、ヤンチャな息子を、手を焼きながらも育て上げた。ただ、栗城さんの言動にはマルチビジネスの世界の影響が色濃く表れていることを、ここで確認しておきたいのだ。

相手に夢や元気を与えることも大事だろうが、相手に誤解を与えないよう努力することは更に重要であり、人と接するときの基本である。特にビジネスにおいては。

『単独無酸素での七大陸最高峰登頂』という彼の言葉には勢いがある。だが、誤解も与える。事実、私は誤解した。私の誤解を解く努力を彼はしなかった。彼のスポンサーや講演の聴衆も、私と同じように誤解した可能性がある。永遠に誤解したままかもしれない。

栗城さんは自著の中で、彼が共鳴する近江商人の「三方よし」の経営哲学を引用している(『一歩を越える勇気』)。

「商売とは『売り手よし、買い手よし、世間よし』である」

しかし、売り手が勢いに任せて行動するだけでは「買い手よし」にも「世間よし」にもならないはずだ。イケイケ感や甘美な言葉の裏側でおざなりになる「配慮」と「ケア」……マルチビジネスの世界が抱える課題は、そのまま栗城さんの危うさでもあった。今思えば、「わらしべ登山家」というネーミングも「連鎖販売取引」とイメージが重なる。

栗城さんの講演会を取材すると、私も流れの中で主催者や来場者と少なくとも三、四十枚程度は名刺を交換することになる。するとその晩、もしくは翌日に、その人たちから個別にメールが入る。
『本日（昨日）はありがとうございました』に始まって、自身もしくは自社のPR、今後の予定、『次は個別に飲みましょう』という誘いがあり、最後は自身のキャッチフレーズ、たとえば『人生に奇跡を！』『笑うあなたに福来たる！』『メイキャップ・ユアセルフ！』『自分を解放！宣言』『笑って死ぬため今は泣く』……で締めくくる。

初めは一時間半から二時間かけてすべてのメールに返信したが、とても身が持たない。以後、ダンマリを決め込んだ。参加者の「イケイケ」モードが楽しめる人、そこに利益を生み出す人はいいのだろうが、私は正直「元気を奪われていく」と感じることがあった。

私の知る限りでは、栗城さんの営業ネットワークは五系統あった。

初期の応援団長だった札幌の某弁護士の人脈（二〇〇九年ごろ、弁護士本人とは交流が途絶えた）、札幌国際大学の和田忠久教授のつながり、日本アホ会の個性派グループ、日本アムウエイの関係者、そして講演の手本にした黒木安馬さんのパイプ。

この五つの水脈に、栗城さん自身が発掘した支流が合流し、滔々《とうとう》たる大河の流れとなって、彼をエベレストへと運んでいくのだ。

第五幕 ── 夢の共有

天然水の魔力

世界最高峰エベレストは「北壁」「東壁」「南壁」の三面から成る。

南のネパール側から南東稜を登るのが「ノーマルルート」だ。しかし、エベレスト初挑戦を控えた栗城さんの頭の中にあったのは、北側のチベットから登るルートだった。

一九八〇年八月、メスナー氏が単独無酸素で登った通称「メスナールート」である。

「ネパール側は混雑するんですよ、特に春は。無酸素だとハシゴの順番待ちが苦しいので」

危険性もさることながら、渋滞待ちでは「単独登山」の映像にはならない。そしてもう一つ、栗城さんならではの理由があった。

「チベット側の方が、地形的に中継に適しているらしいんです」

のちに「夢の共有」と命名する、インターネットでの生中継である。東京の映像技術会社と検討を重ねて出した結論だと説明した。

二〇〇九年三月初旬。事務所にいる栗城さんが、ため息交じりで私に言った。

「外務省にも行ったし、いろんな人に動いてもらってるんですけどねえ」

半年前に申請したエベレストへの入山許可が、いまだに下りないという。

二〇〇九年は、チベット仏教の最高指導者、ダライ・ラマ十四世がインドに逃れて「チベット亡命政府」を樹立して五十年目にあたる。チベット自治区では、中国の統治に抗議して独立を叫ぶ勢力が警官隊と衝突を繰り返していた。

エベレストには行けないかもしれない。生中継もできないかもしれない……。

私が不思議だったのは、そんな状況にもかかわらず栗城さんから今一つ悲壮感が伝わってこないことだった。「困った」と口では言うが、表情に焦りの色がない。

「たぶん、ですけど、許可は下りると思うんです、ギリギリになって……。でも、許可が下りたとしても……ボク、準備ができていないからなあ」

先述したが、この数日前、彼はフィットネスクラブで倒れ、しばらく起き上がることができなかった。営業に忙しく、トレーニングは進んでいない。やはり体力的に不安なのだろう。

しかし、後になって私は気づいた。栗城さんが口にした「準備」とは、トレーニングよりむしろ「インターネット生中継」を指していたのだ。彼がイメージする中継を行なうには、この時点ではまだ資金が不足していた。

《でも、もし出発を延ばせば》

……栗城さんにはそのころ、追い風が吹き始めていた。かつてないほどの大口スポンサーを獲得しつつあったのだ。

『エベレストは本当に大きな山です。上る前にいけるかどうかですから』

春のエベレスト行きを断念したことを、栗城さんはブログで発表した。彼が事務所でその文章を書くのを、私は目の前で見ていた。そこには涙の絵文字がついていたが、そのときの栗城さんは終始ご機嫌だった。ブログをアップ後、かかってきた電話の相手にこう語っていた。

「いやあ、ついに金鉱を掘り当てちゃいましたよ、へへへ」

愉快そうに言うと、デスクの上に置いてある2リットルのペットボトルに手を伸ばした。口をつけながら、横目でチラリと私たちを見る。この日は朝からこんな調子だった。

撮ってほしいのだ、そのペットボトルを。

富士山の玄武岩層が育んだ「水素珪素《けいそ》天然水」と謳《うた》っていた。製造元は山梨県にある会社で、商品名も会社の名称と同じだった。日本でも人気が高い韓国人女優がＣＭに出ていた。

児玉佐文さんに当時のことを尋ねた。

「確か二億円、そこまで行ってなかったかなあ。でも、億は完全に超えていました」

天然水が潤したのは、栗城さんの喉ばかりではなかったのだ。

この水の会社も、アムウェイ同様、連鎖販売取引の会社だった。この三年後の二〇一二年には、「国連から高い評価を受けた」という虚偽の表示をして、消費者庁から再発防止の措置命令を受けている。このことは新聞等でも報じられた。

二〇〇九年四月。エベレスト行きを延期した栗城さんは、行き先をダウラギリに変更した。天然水の会社はこの遠征からスポンサーにつき、その後、秋のエベレスト初挑戦、翌年春のアンナプルナと、計三回出資している。

ダウラギリに向かう数日前、栗城さんは日本ヒマラヤ協会の大内さんが当時経営していた居酒屋「つる」で一人の男性と会っていた。

斉藤勤さんだ。当時、六十一歳。札幌市役所に勤めていた。斉藤さんは一九九八年、ダウラギリに登頂している。

斉藤さんは栗城さんにルートや雪の状態を丁寧にレクチャーしていた。店の勘定も栗城さんの分まで払っていた。大内さんは「栗城の登山の壮行会に参加しているのは、われわれの仲間内では彼だけだ」と言う。このときは話を聞く時間がなかったのだが、終始にこやかに接していた斉藤さんの姿が印象に残っていた。

二〇一九年、ご本人の真情を聞くことができた。

「いやあ、自分に似ていると思ったんだよね」と斉藤さんは笑った。

「私が最初に入った山岳会は、北大の出身者が多くてね、高校しか出ていない私は浮いてたの。同じテントに泊まってても、『お前、卒論何書いた?』とか……そんな会話に私、入っていけないのさ。コンプレックスがあったんだ。でも、アンナプルナⅢ峰（七五五五メートル）に遠征する話があって、名だたるメンバーがいる中で無名の私が選ばれた。現地行ってからも、ふだん難しい話してる連中がバタバタやられていくんだわ。ヨシ、って。市役所で出世できるわけでもないし、俺は山で皆を見返してやろう、って」

斉藤さんは、ドライブがてら、栗城さんの実家を覗いたこともあるという。

「お母さんも亡くしてるし、お父さんには障害がある、栗城はそういう背景というか、傷を持って育ってきたと思うのさ。だから、何か気になっちゃってね、二回寄ったことがある。眼鏡は作らなかったけど、置時計を買ったりして。たぶん栗城には、『自分という人間がいるんだぞ』って見せつけたいっていう思いが、根っこにあったんじゃないかな」

応援したいと思う一方で、斉藤さんには心配もあったという。

「目が気持ち悪いほどギラギラしてたんだ、あいつ。自分は何が何でもやってやる、って強い意志を感じてさ。ああ、こういうタイプ危ない、こういうまっすぐなヤツが山では一番危ない、って。私も同じタイプだから、ハハハ」

栗城さんは出国前、ダウラギリから「インターネット生中継」を行なうと発表していた。彼の事務所が入る財団は、パブリックビューイングを企画した。一階の共通スペースにある六十五インチのスクリーンで中継を流すので「皆様、ご参集を」と呼びかけた。

入所者に宛てたメッセージで、栗城さんはこう言い放った。

「生きるか死ぬか、乞うご期待！」

ここまで煽《あお》っておきながら、実際の生中継は山頂からではなく標高六五〇〇メートル地点からだった。登頂を目指してキャンプを出る前日に行なわれた。登頂の瞬間が生中継されると期待していた人たちには肩透かしだったと思われる。「生」で伝える意味があるとは思えない凡庸なリポートの後、唯一の見せ場はスキーでの滑降だった。栗城さんの被るヘルメットには小型のカメラが取り付けられていた。

「行きます！」

滑降してほどなく栗城さんは転倒し、同時に中継映像も途絶えた。

栗城さんと技術スタッフにとって、この中継は秋のエベレストに向けたリハーサルの意味合いが強かったのだろう。

斉藤勤さんに「このときの中継を見ましたか？」と尋ねると、「いやあ」と笑った。

「私はネット一切やらないの。でも、テレビの番組は見た。ゲンナリしたわ。奇声上げてないで黙って登れ、って」

「登頂」より「中継」

二〇〇九年五月十八日。栗城さんはダウラギリに登頂を果たす。

その二日後、私の一年あまりの取材をまとめた番組『マグロになりたい登山家～単独無酸素エベレストを目指す！～』が放送された。北海道限定だがゴールデンタイムでの放送だった。彼の事務所から提供を受けた登山のシーンは極力短くし、むしろ彼の日常にフォーカスしている。この番組は日本民間放送連盟賞などを受けた。

私は「観察モード」ながらも、栗城さんと友好的な関係を維持してきた。番組作りへのモチベーションも保っていた。しかし、いよいよエベレスト初挑戦という矢先、ふたたび彼に対する疑問と不信感が頭をもたげてくることになる。

栗城さんのエベレスト遠征は、大手ポータルサイトのＹａｈｏｏ！ＪＡＰＡＮとがっちりタッグを組んでいた。

二〇〇九年七月、Ｙａｈｏｏ！に栗城さんを応援する特設サイトがアップされた。栗城さんがエベレストの前進基地、ＡＢＣ（アドバンス・ベースキャンプ）に入ったその日から登山の過程を動画で毎日配信する。そしていよいよ山頂アタックの段階に入ったら、配信から生中継に切り換え、ネット上で同時視聴できるという大仕掛けが用意されていた。

小さな登山家が大きな山の頂に立つ瞬間を、リアルタイムで共有できるのだ。

単独無酸素でのエベレスト登頂はボクの夢。これを見ているあなたはどんな夢を見ていますか？　その夢をボクも応援したい。誰もがみんな、目指すべき人生の頂を心の中に持っているはず。ボクと一緒に、あなたもあなたのエベレストを登ってください！

――そんなメッセージを込めた生中継を、栗城さんはこう呼んだ。

「冒険の共有」そして「夢の共有」。

栗城さんはこの発想をどうやって得たのか？

「栗城にネットでの生中継を吹き込んだのは、日本テレビの関係者ですよ。彼が考えたことじゃない」と話すのは、森下亮太郎さんだ。

二〇〇七年四月、栗城さんがチョ・オユーに出発する前日のことだ。東京都内の居酒屋でささやかな壮行会が持たれ、ＢＣのカメラマンとして同行する森下さんも参加していた。

土屋敏男さんともう一人、番組関係者と思われる四十歳前後の男性がそこにいた。栗城さんとはすでに何度か会っているようで親しげな様子だったという。その男性の口からこんな言葉が飛び出した。

「今回は動画の配信だけど、いつか生中継でもやってみたら？　登りながら中継したヤツなんて今までいないよね」

正確には、登りながら生中継をした登山家が、かつて一人だけいた。番組関係者はその登山家の存在も栗城さんに伝えていたと思われる。

一九八八年五月五日、日本テレビはエベレストの山頂から世界で初めて生中継をした。構想八年、研鑽《けんさん》と試行錯誤を重ね、富士山でのリハーサルを経て、三十トンもの中継機材を現地に持ち込んだ。中国、ネパールのスタッフも合わせると総勢二百八十五人。北東稜のBCに置いたコントロールセンターから、インド洋上の通信衛星に映像を送った。

「北京時間、午後四時五分、テレビ隊……頂上に……」

ヘルメットに超小型カメラを取り付けて登り、八八四八メートルの頂から第一声を発したのが中村進さんだった。先述したが、栗城さんがマナスルに遠征中の二〇〇八年十月、ヒマラヤのクーラカンリで雪崩に巻き込まれて亡くなった登山家である。

栗城さんは当時の番組を録画したDVDを持っていた。私は彼の事務所でそれを見せてもらった。パソコンの画面の中で、中村進さんらがエベレスト山頂から小さな鯉のぼりをはためかせていた。登頂日が「こどもの日」であることにちなんだ演出である。

「ボクはこれを少人数でやりたいんですよ。ネットが発達した今なら、できるみたいなんで」

と栗城さんは語っていた。

テレビ関係者から「生中継」の言葉を聞いた瞬間、栗城さんの中にスポットライトが点《とも》ったのかもしれない。眩しいばかりの光が、エベレストを単独で登る彼自身を照らしていた——。

自分がその劇場に立つ必然性、遠征資金を募る謳い文句……それらを思案していた栗城さんは、黒木安馬さんなど多くのコンサルタントや企業家との関わりから、「自己啓発」という世界に傾倒する。

そして彼は、「登山（見える山）」と「自己啓発（見えない山）」を一体化するアイデアを思い付いた——。

「夢の共有」はこうして生まれたのだと、私は推察する。

そしてそれは、億を超える資金を提供する天然水の会社と、Ｙａｈｏｏ！の協力を得たことで、実現可能な段階に入った。テレビマンが酒宴の席で囁いた言葉を、彼は持ち前のしつこさと営業力で、二年かけて具体性を持った「企画」のレベルにまで高めていったのだ。

しかし私は、この「夢の共有」に拍手を送ることに躊躇《ためら》いを覚えていた。

初めて会ったときの栗城さんは、凜とした表情でこう言ったのだ。

「山と一対一で向き合いたいから単独で登る」と。

彼が向き合う対象は、山だったはずだ。それがいつから「夢の共有」、つまり、人に変わったのか……？

栗城さんの「夢の共有」を巡って、二つの出来事がワンツーパンチとなって私の脳を揺らした。

最初に食らったパンチは、Ｙａｈｏｏ！の特設サイト「小さな登山家、エベレストへの挑戦」から放たれた。そこには、芸能人たちからの激励のメッセージと共に、「単独無酸素の意義」を解説するコーナーが掲載されていた。

それを見て私は愕然とした。私の企画書の文章が、そっくりそのままコピペされていたからだ。実現しなかった全国放送の番組のために書いたものだった。

「ボンベが重いし高価なので他の六つの最高峰では使わなかった」という栗城さんの言葉まで、そのままサイトに掲載されている。

私は事務所が載せたのだと思っていた。《一言、了解を求める連絡があれば私が訂正できたのに》と腹立たしかった。十年が経過した二〇一九年、児玉佐文さんから初めて真相を聞かされた。

「やったのは栗城本人ですよ。ボクらは逆に口出しできないです。彼はそういうとこメチャクチャこだわりますから」

栗城さんは「ボクのことを書いた原稿だから、ボクのもの」と思ったのだろうか？　仮にそうだとしても、自分の嘘まで載せてしまう感覚は理解に苦しむ。大勢の人が閲覧するサイトなのだ。

次に食らったパンチは、更に強烈だった。

東京のＹａｈｏｏ！本社での出来事である。エベレスト出発を二週間後に控えた二〇〇九年八月上旬、栗城さんとＹａｈｏｏ！スタッフとの最終打ち合わせの場だった。そこで語られた栗城さんの企画に、私は驚いた、いや、呆れてしまった。

「最終確認ですが、九月七日が『流しそうめん』、翌週の十四日が『カラオケ』で間違いないですね？」

Ｙａｈｏｏ！スタッフの言葉に、栗城さんは頷いた。

《えっ！　流しそうめん？　カラオケ？》

私は支援者が国内で応援イベントでも開くのか、と思いながら聞いていた。ところがそうではなかった。

「ギネスブックに挑戦します！」

栗城さんがニッコリと笑った。

彼のアイデアで「ギネスに挑戦！」と銘打った生中継企画が行なわれるのだ。私は会議の場で初めてそれを知った。ＢＣに入ってから山頂アタックに出発するまで、高度順応の期間が三週間ほどある。ギネス挑戦企画はその間に催される、登頂本番を盛り上げるためのプレ・イベントだった。

栗城さんはエベレストをどういう場所だと考えているのか……。

ここは世界中から集まった数多《あまた》の登山家が、登頂に歓喜し、挫折して咽《むせ》び泣き、凍傷で指を失い、あるいは友の亡骸を下ろした、過酷なる「聖地」ではないのか？

そこで、流しそうめんにカラオケ？　先人たちにあまりにも非礼ではないか。

栗城さんはかつてこうも語っていた。

「山に登れば登るほど、その大きさがわかって謙虚な気持ちになる」と。ならばエベレストは、いくつもの山を登り、謙虚な上にも謙虚になって、ようやくたどり着いた「山の中の山」であるはずだ。そこでなぜ余興が必要なのだ？　一体どこが謙虚なのだ？

打ち合わせを終えて移動するタクシーの中で、私は正直な感想を彼にぶつけた。

「登山というよりイベントですね？」

栗城さんは真顔で答えた。

「そうですね。絶対に面白くする自信があるんで」

面白くする？　……私はその言葉に、違和感を大きく超えて、嫌悪感を抱いた。それを顔には出さず、こう尋ねた。

「仮に登頂の生中継ができないとしたらどうしますか？」

彼は即座に返答した。

「それならエベレストには行きません」

中継ができないなら登らない……そう明言したのだ。彼は更に言葉を続けた。

「ただ登るだけではつまらないので」

登頂が目的ではない。世界最高峰の舞台からエンターテインメントを発信するのが、彼の真の目的なのだ。こんな登山家は過去にいなかった。

「一対一で山を感じたい」という山への畏敬《いけい》と、「ただ登るだけではつまらない」という山への冒瀆《ぼうとく》……彼が気づいているかどうかはわからないが、これは対極をなす。

私には「夢の共有」が「矛盾の蟻地獄」に思えた……。

私は少し呼吸を整えた。そして質問を変えてみた。

「他の登山家が同じようにネット中継をしたら、栗城さんはそれを見ますか？」

彼は珍しく言葉に詰まった。十秒ほどして、「いやあ、面白く見せられる人いますかねえ？」と首をひねった。

二〇〇九年九月七日、「ギネスに挑戦！」企画第一弾が生中継された。標高六四〇〇メートルのＡＢＣを舞台にした「世界一高いところで流しそうめん」だ。日本から持ち込んだ人工竹を斜面に組み、茹でた素麺を上から少しずつ流した。つゆの入った椀を手に、栗城さんが下で待ち構える。つゆはテレビ番組『料理の鉄人』の鉄人シェフが作ったものだ。

「来ました！　来ました！」

　氷点下の冷気に表面が凍りついた素麺が、ポチャンと音を立てて椀の中に落下した。栗城さんがそれをチュルチュルと啜《すす》る。「おいしいです！」とカメラに笑顔を向けた。

　その一週間後の九月十四日には、「世界一高いところでカラオケを歌う」企画が中継された。ＡＢＣより更に上の標高七〇〇〇メートル地点で、栗城さんは『ウィ・アー・ザ・ワールド』を歌った。ゼエゼエ、ハアハア、と息は荒く、時にひどく咳き込みながらの、ある意味「熱唱」だったが、同じ曲には到底聞こえなかった。

　しかも衛星を経由して送られてくる映像は、容量が小さく圧縮されているため画質が良くない。仮に登頂生中継が見られたとしても、この画質に我慢しながら彼の姿を追うことになる。野球やサッカーのようなスピーディーな動きもない。《ずっと見続けるのは正直しんどいな……》と私は感じた。彼がアピールしたい、登山に関心のない一般の人たちは、私以上に苦痛を感じるのではないか……？

　私にはインターネット生中継というものが、荘厳な「世界の屋根」をわざわざ小さく見せている気さえした。

　栗城さんがエベレストから帰国した後、私は彼から提供された映像で「ギネスに挑戦！」企画を振り返った。カラオケを歌い終えた栗城さんは、グッタリとしてその場を動けなくなっていた。スタッフとシェルパに両脇を抱えられ、引きずられるように山を下りていった。ＫＯ負けしたボクサーのようだった。

　歌った翌日の映像に、ハッとするようなシーンが収録されていた。栗城さんが衛星電話を手に、怒鳴り声を上げていたのだ。

「ちゃんと見てくださいよ！」

　電話の相手は東京のテレビ局の制作者だった。どうやらネットの生中継を見ていなかったようだ。自分を取り上げた番組を作っているくせに、体を張って歌った『ウィ・アー・ザ・ワールド』を聴かなかったことに、栗城さんはご立腹だったのだ。

　この企画に対する彼の本気度に、私は逆に驚いた。

　ちなみに栗城さんが申請した「世界最高地点での二つの挑戦」をギネスは却下した。

「危険を伴う行為なので認定できない、って言われたみたいです」

　私は栗城さんからそう説明を受けた。

「夢の共有」はテレビマンの言葉が発端だった。私は自分にこう問いかけた。

《お前は表現者の端くれとして、栗城さんに何かアドバイスをしたのか？》

　……した。一つだけ。

「左手でも撮影したらどうですか？」

そう言わせてもらった。彼に会ってまもないころだ。

栗城さんの自撮り映像は、最初のマッキンリーからすべて利き手である右手で撮ったものだ。必然的に、彼の顔は画面の右を向いている。左向きの顔がない。映像が単調なのだ。

栗城さんが山でどういうふうに撮影しているのか、番組の視聴者がイメージしやすいように、彼の事務所の向かいにあった公園で実演してもらったことがある。斜め前方に右手を出し、顔の方にレンズを向けるだけだ。要は、勘を頼りに撮っている。カメラグリップに指を通すのが基本だが、通さなくても十分撮れる。

グリップに指を通さないのであれば、左手で撮っても同じだ。左手でカメラを摑んで自分に向ければ、画面左を向いた顔が撮れる。自撮り映像のバリエーションが倍になる。単純な話だ。

「いいですねえ！」と栗城さんは目を丸くした。

だが、ついにやらなかった……最後まで。

「生中継やってみたら？」の言葉ほど彼の心をくすぐらなかったようだが、私は試してほしかった。映像を売りにするエンターテイナーであるならば……。

企画のスケール感に酔うのではなく、小さな発見と地道な改善が作品の質を高めていくことも知ってほしかった。

第六幕

開演！ エベレスト劇場

単独なのに「隊」？

ギネスにも挑むと宣言した栗城さんのエベレスト初遠征。その壮行会が二〇〇九年八月七日、札幌市内のホテルで開かれた。父親の敏雄さんも、たくさんの支援者とともに今金町から駆けつけた。

「札幌国際大学から出た初めての有名人！　栗城史多くんに大きなエールを送ります！」

和田忠久教授が挨拶をした後、大学の後輩たちが「よさこいソーラン」を元気に踊った。北海道内のメディアは全社集まった。

敏雄さんは栗城さん以上に嬉しそうだった。歴「史」に「多」くを残す——その名にふさわしい人物に我が子は近づきつつあった。

八月十六日。新千歳空港の出発ロビーは、支援者とメディアで修学旅行以上の人だかりだった。ひときわ大きな声を上げていたのが、栗城さんの心の応援団長、石崎道裕さんである。イベント時の正装「水戸幸門」様の扮装だった。

「フレー！　フレー！　ク、リ、キ！」

石崎大将の声に和して大音声《だいおんじょう》がロビーに響き渡った。支援者たちは流れるようなフォーメーションで二列になると、向かいの人と手を握り合って、搭乗ゲートに連なる長いアーチを作った。そのアーチの下をくぐった栗城さんは、ゲートから振り返って大きく手を振った。

いよいよ始まる、世界最高峰への挑戦。

私はＹａｈｏｏ！の特設サイトで、毎日栗城さんのブログと動画配信をチェックした。

そして彼の帰国後、提供された映像をつぶさに見て、栗城さんの旅と登山を振り返った。

成田空港でのチェックインの場面から映像は始まる。見送りに来た婚約者のＡさんを、栗城さんは同行するスタッフに紹介していた。カトマンズの国際空港に到着すると、ボチボチトレックのティカ社長から歓迎の花輪を首にかけてもらう。スタッフ一同、ミニバスに乗ってオフィスへ。簡単な打ち合わせの後、預けたままにしてある一部の登山用具をチェックすると、ディナーに繰り出す。楽し気なレストランでの様子。夜のホテルでの雑談。そして翌日は全員でカトマンズの寺院を訪れ、「プジャ」と呼ばれる安全祈願……と、これまでの登山とほぼ同じ流れだ。

しかし、ここからが違う。マナスルやダウラギリに登ったときは空路だったが、今回は陸路で中華人民共和国チベット自治区に入るのだ。途中、二つの小さな集落に高度順応を兼ねて数泊していた。一つ目はニエラム（三七五〇メートル）、二つ目はシガール（四三〇〇メートル）という村だ。シガールでは病院を訪れていた。同行したスタッフが体調を崩して診察を受けたのだ。

シガールを過ぎると、車窓にチョモランマが見えてきた。車が更に高度を上げると、栗城さんは苦しげな表情で腹式呼吸を始めた。やがて車が停まった。栗城さんは地べたにしゃがみこんで「ウー」「アー」とうめき声を上げていた。

標高五二〇〇メートルのＴＢＣ（チベット・ベースキャンプ）に到着。この先、車は上がれない。テントを立て、この標高での高度順応に入る。数日後、ポーターたちが家畜のヤクの群れを伴って上がって来た。膨大な機材と荷物が振り分けられ、ヤクの背にうずたかく積まれていった。栗城さんはスタッフと共にゴツゴツした岩場を登っていく。チョモランマの雄姿が眼前に迫ってくる。

目的地であるＡＢＣは、標高六四〇〇メートル地点にある。

「バンザイ！」

先に上がっていた数人のスタッフが、栗城さんの到着に合わせて声を揃えた。これに対して
「違うって！」と栗城さんがダメ出しをした。

「まずボクがバンザイを言って、その後、みんな一斉にバンザイするの！」

演出家のこだわりを見せた。


「えっ！　単独なのに、なんでこんなにシェルパ使うの？」

札幌で山岳会を主宰する佐藤信二さんは、ボチボチトレックのオフィスで、ティカ社長に思わずそう尋ねたことがある。エベレストに二〇〇二年、五十一歳のときに登頂した佐藤さんは、今も毎年ヒマラヤに遠征する。ボチボチトレックの得意客だ。

どのシェルパがどこの山に入っているか、オフィスに置かれた名簿などからわかる。実に十人以上のシェルパが栗城さんに押さえられていたことに、佐藤さんは驚愕したのだ。

栗城さんの「単独」は、登山界の常識からかけ離れていた。

ＡＢＣに入ってから、栗城さんのブログにはこんな言葉が頻繁に登場するようになる。

「栗城隊」

彼のこれまでのブログにはなかった言葉だ。

しかし映像を見ると、それは確かに「隊」と呼ぶべき陣容だった。

真っ黒に日焼けした頼もしげなシェルパたち、日本語を流暢《りゅうちょう》に話すネパール人通訳、毎日の食事を賄うコックとキッチンスタッフ、そして日本から同行したＢＣマネージャー（副隊長）、登山の一部始終を記録する撮影と音声および中継のスタッフ――総勢、約三十人。栗城さんが高度順応のためにスタッフを引き連れてキャンプ周辺を練り歩く様子は、さながら大名行列である。

マナスルやダウラギリにもシェルパやスタッフは数人いた。私は彼らの存在を番組の中で意図的に見せてきた。栗城さんとシェルパがパソコンを囲んでルートの確認をする様子や、気象データを分析するＢＣマネージャーの姿に、「山に登るのは一人だが、栗城の登山は多くのスタッフに支えられている」というナレーションをつけた。

だが、今回のエベレストの布陣はその比ではない。

真っ白い壁面をたった一人で登る栗城さん……その姿を撮影するために、陰ではたくさんの人間が「隊」を成して支えている。

これを「単独」と呼んでいいのだろうか……。

単独登山とは何か？

結論から言うと、実は明確な定義がない。「単独」の解釈は登山家によってマチマチなのだ。

登山界には「国際山岳連盟（ＵＩＡＡ）」という各国の登山団体が加盟する国際組織がある。

しかし、日本ヒマラヤ協会の大内倫文さんによれば、これはたとえばＩＯＣ（国際オリンピック委員会）のように「定義」や「ルール」を取り決める組織ではないという。親睦を目的としたサロン的な団体にすぎないのだ。

「単独」が一人で登ることを指すのは当然だとしても、たとえば他の登山隊が山に残したザイルやハシゴにはどう対処したらよいのか？

高名なイギリスの登山家、アリソン・ハーグリーブス氏（一九六二〜一九九五年）は、自分で張ったロープしか使わないのはもちろんのこと、他の隊から勧められた茶さえも断ったという。登山界では有名なエピソードだ。

アリソン氏は一九九五年五月、エベレストに単独無酸素で登頂を果たした。メスナー氏に次いで史上二人目、女性としては初の快挙だったが、「無酸素」は間違いないとしても「単独」と認定するかどうかについて登山界には議論がある。アリソン氏が登ったのは春のハイシーズンで、必然的に他の隊が踏み固めた跡を登ることになるからだ。また、彼女が登ったチベット側のルートだと頂上の手前二百五十メートルにある難所「セカンド・ステップ」に取り付けられたハシゴを登らずには、山頂にたどり着けないのだ。

翻《ひるがえ》って、栗城さんの登山スタイルはどうか？

初めての海外登山だったマッキンリーで、台湾の登山者から手渡されたスキムミルクを躊躇なく受け取っている。ザイルもハシゴも、そこにあるものは何でも積極的に使った。二〇〇八年のマナスルでは、下山中、外国の隊が残していったテントで夜を明かした。二〇〇九年のダウラギリでは、他の隊が深い雪を先にラッセル（雪をかき分けて進むこと）してくれないかと、テントの中からしばらく様子をうかがっている。単独を謳いながら、誰かにルートを作ってほしい、と願っているのだ。

登山は本来、人に見せることを前提としていない。素人が書くのはおこがましいが、山という非日常の世界で繰り広げられる内面的で文学的な営みのようにも感じられる。

しかし明快な定義と厳格なルールは必要だと、私は考える。登山はどのスポーツよりも死に至る確率が高い。そのルールが曖昧というのは、競技者（登山者）の命を守るという観点からも疑問がある。また登山界の外にいる人たちに情報を発信する際に、定義という「基準」がなければ、誰のどんな山行が評価に値するのか皆目わからない。

栗城さんがメディアやスポンサー、講演会の聴衆に「単独無酸素」という言葉を流布できたのは、このような登山界の曖昧さにも一因があったように思う。

登山専門誌『山と溪谷』が、栗城さんについて『「単独・無酸素」を強調するが、実際の登山はその言葉に値しないのではないかと思う』とはっきりと批判的に書くのは、二〇一二年になってからだ。

なかったはずのザイルが

栗城さんが九月九日、標高六四〇〇メートルのＡＢＣから七〇〇〇メートルのＣ１を目指して登る映像を、私は編集用のテープにダビングしながら見つめていた。

栗城さんは登るのに苦労しているようだった。

その様子をＡＢＣから望遠鏡で見つめていたのが、副隊長として同行した森下亮太郎さんだった。

「下から見ると懸垂氷河（岩壁にへばりつくように形成された、脆《もろ》くて崩れやすい氷河）があって、大丈夫かなあ、かなり危ないぞ、って心配しながら見てたんですけど、そこはどうにか自力で登りました」

しかし栗城さんはＣ１には届かず、標高六七五〇メートル地点に荷物をデポしてＡＢＣに下りてきた。

私が《オヤ？》と思ったのは、その後に収録されたカットだった。

大きなリュックを背負った二人のシェルパが、山を上がっていく姿が記録されていたのだ。

次のカットは、その二人が下山する場面だった。かなり時間が飛んだようで、上がったときとは空の明るさが全然違う。通訳が出てきて、二人と何か言葉を交わしていた。

私は、この映像の意味するものがさっぱりわからなかった。しかし、しばらくして謎は氷解した。

登山のその後の映像に、真新しいザイルが映っていたからだ。

《シェルパが登ったのはこのためだったのか……》

この年、チベット側のＡＢＣに他の登山隊はいなかった。ザイルはあの二人のシェルパが張ったとしか考えられない。栗城隊長が登りやすいように。

他人に張らせたザイルを使って登る……これは明らかに「単独」登山を逸脱しているはずだ。

二〇一九年一月、私は森下さんに九年ぶりに会うことができた。森下さんはこのときの「工作」について話してくれた。

「あのザイルは本来、撮影隊のために張ったんですよ」

ＡＢＣからは尾根が邪魔をして、ルート全体は見渡せない。追えるのは標高七〇〇〇メートルのＣ１までだ。Ｃ１は「ノースコル（コルは『馬の鞍』。稜線上にある鞍のように窪んだ場所を指す）」にあった。当初からこのＣ１まで撮影隊が上がって、その先の栗城さんの登山を狙う計画だったという。

「でも実際、栗城も二回目からはそのザイルを使って登っていますから。『単独』ではないですよ」

これもそのとき、初めて聞いたのだが、森下さんはNHKの制作者に「無酸素はいいけど、これは単独とは言えないので、単独という言葉は使うべきではない。使ったら、登山関係者から叩かれる」とはっきり告げたという。

私は栗城さんのエベレスト初挑戦を描いたその番組『7サミット　極限への挑戦』（二〇一〇年一月四日放送）を見たが、そうだったかなあ、と首をひねった。

森下さんはこう語った。

「単独という言葉自体は、他の六大陸の場面でしか使っていないはずですよ。でも番組の流れから、エベレストにも単独無酸素で挑戦しているんだ、って思わせるような作りでした」

私は二〇一九年、NHKに取材を申し込んだ。質問は多岐にわたるが、一つはこの番組の中でエベレスト登山を「単独」と表現したか否かについての確認である。また、シェルパがザイルを張ったことについて、制作担当者が認識していたかどうかを尋ねた。しかし「お答えできない」との回答だった。

二〇一二年のエベレスト挑戦を描いた同局の番組『ノーリミット　終わらない挑戦』（十二月二十三日放送）では、「単独無酸素」という言葉は使われていない。栗城さんのことを「自分で自分を撮影しながら世界の山々を登る、ちょっと変わった登山家」とナレーションで語っていた。

NHK『7サミット　極限への挑戦』の三週間後に放送される番組を作った私は、「ザイル事件」に強い疑念を抱きながらも、はっきりと「単独無酸素」と表現した。エベレスト「1サミット」に特化した内容だったことを、栗城さんはとても喜んでいた、と人づてに聞いた。

ザイルの意味や森下さんの思いを知っていれば、まったく別の番組になっていたかもしれない。

私は森下さんを、栗城さんと同じスタンスの人だと誤解していた。と言うのも、私が見た映像の中にこんな場面があったのだ。

ABCのテントの中でカメラマンが森下さんに何かを尋ねた。その質問は小声で聞き取れなかったのだが、森下さんの声は明瞭だった。

「それは、言っちゃいけないことになっているので……」と、森下さんは苦笑したのだ。

ザイル事件の後だったので、私は「栗城隊」の中には何か口外できない秘密があるのだな……と勘ぐった。九年の歳月を経て、ようやくその言葉の意味がわかった。

「ボクがそう言ったとしたら、たぶん『ルートとかのアドバイスはしないんですか？』って聞かれたんだと思います。『それをしたら単独登山ではなくなるから言っちゃいけない』と答えたんじゃないかな。単独である限り、たとえば塊岩《かたまりいわ》を上から行くか下から行くか、そういうことにも口出しすべきではないと思うし。天候の予測とか、聞かれたことだけを淡々と伝えるのが、ボクの仕事だと思っていたので」

ボクがもし口出しをするとしたら、と森下さんは言った。
「このまま行ったら死ぬな、という場合だけです」

生と死の分岐点

チベット側からエベレスト北面を登る「メスナールート」。その最大の難関は「グレート・クーロワール」だ。標高七八〇〇メートル付近から頂上近くまで、切り立った岩壁に溝（クーロワール）が縦方向に刻まれている。標高差一〇〇〇メートルにも及ぶこの溝が、私には巨大な皺《しわ》に見えた。エベレストが眉間に皺を寄せて、「来るな」と威嚇《いかく》していた。

アタック三日目の九月二十四日。

この日は、標高七七〇〇メートルのC2を出発し、グレート・クーロワールへの登り口に向かってほぼ真横にトラバース（斜面を水平方向に移動すること）するルートだった。距離は約一キロ。グレート・クーロワールに着いたら、百八十メートルほど上にある窪んだ岩場まで登る。そこがC3だ。予定通り翌々日に登頂を果たすには、この日のうちにC3まで着いておかなくてはならない。

栗城さんはこの日、わずか四、五分しかカメラを回していない。そんな余裕などなかったのだ。

Ｃ１でもＣ２でも睡眠はほとんど取っていない。眠れば息が浅くなり、十分な酸素を体内に取り込めなくなる。テントの中、睡魔と闘いながら深呼吸を意識的に繰り返すのみだ。食欲など湧くはずがない。アルファ米かインスタントラーメンを半分程度。栗城さんはいつも腹四分を心がけている。食事を腹に入れると、それだけ酸素も消費するという。普段は珍味をかじったりもするが、このときは口にする気にならなかった。

栗城さんのこの日の自撮り映像は、こんなボヤキから始まった。

「下界はいいなあ」

そう呟いた後、栗城さんは麓の方向にカメラを向けた。足元の遥か下、チベット平原が見えていた。

グレート・クーロワールを目指して右方向に進む栗城さんを、ノースコルのＣ１から山岳カメラマンがレンズ越しに見つめていた。

森下さんはＡＢＣのテントの中、落ち着かない様子でパソコンの前に座っていた。時に舌打ちしたり、何か独り言を呟いたり、考え込んだりしている。

Ｃ１を超えた先は尾根に隠れ、ＡＢＣからは望遠鏡でも確認できない。森下さんはノースコルのスタッフに無線で連絡を取った。

「栗城の現在地を、Ｂ地点を元に教えてください」

「かなりＣ（地点）寄りの、下の方の雪原を歩いています」

ルート図に現在地を書き込むと、森下さんの表情が険しくなった。

栗城さんは百メートル進むのに一時間もかかっていた。一向に距離を稼げない。登りのほとんどない横への移動だが、雪が膝まであるため、足を取られるようだ。

「どうしようかなあ……」

森下さんは腕組みをして目を瞑《つむ》ると、やがて無線機を取った。日没まであと三時間ほどしかなかった。

「ＡＢＣ森下です。栗城、（無線を）取れますか？」

雑音とともに栗城さんの声が返ってきた。

「これ以上、足が動かない……」

森下さんは、しっかりと丁寧に伝えた。

「クーロワールの下り口まで行かないと、テント場はないです」

ＡＢＣのテント内にもカメラマンがいて、森下さんの様子をずっととらえている。表情の動きを見ているだけで引き込まれていく。

「もし今、そこまで行けないという風に思うんであれば……」

一度言葉を切った後、森下さんは大事な決断を促した。

「戻ってください」

しかし、返事は……。

「行けるとこまで行きたいなと思いますんで」

栗城さんは撤退には応じない。森下さんが唇を噛む。数分後、ノースコルのカメラマンが森下さんを呼んだ。

「もし、にっちもさっちもいかないようだったら、Cの方を目指して行ってもらって、そこでビバーク（野営）ポイントでも見つけるのが一番手っ取り早いんじゃないかと……」

森下さんがパソコンに顔を近付け、探るように見つめる。

「テントは張れそうでしょうか？　画像を見る限りは、ちょっと厳しいなと思っています」

「岩棚の下のあたりに穴でも掘ってもらって」

森下さんは首をひねった。

「栗城にそんな力は残っているかな？　穴掘れるかなあ？」と、その提案を退けた。

私は二人の会話から知った。栗城さんがラッセルする雪の下には、強風と冷気に叩かれてカチカチに固まったぶ厚い氷の層があるのだと。それは容易《たやす》く掘れるようなものではないのだ。

私がこの映像を見たのは、栗城さんが帰国してからだ。「敗退」という結果は当然知っている。それでも、引き込まれてしまう。私が嫌悪感を抱いた「面白くする自信がある」という彼の言葉の意味が理解できた気さえした。

エベレストは確かに、大いなる舞台、だった。

ノースコルのカメラは、白から次第に群青を帯びていく荘厳な雪の壁を映している。巨大なクーロワールの下に、豆粒のような登山家の姿があった。


午後四時。栗城さんから無線が入った。

「（グレート・クーロワールの入り口まで）残り三百（メートル）。どうですかね？」

森下さんが厳しい口調で応じた。

「迷っている場合ではないですね。行くか戻るか、生と死の分岐点、です」

強い言葉に私の心臓も早鐘《はやがね》を打ち始める。しかし、栗城さんは、

「……行きます」

森下さんがガックリと首《こうべ》を垂れた。

「これはもう栗城にしかわからないので、自分で判断してください……絶対、無事で」

だが栗城さんの足は、言葉とは裏腹に前に進まない。午後四時半。テントの中の一点を見つめていた森下さんが、再び無線機を握った。仮にグレート・クーロワールまで行けたとしても、そこからC3までは一転、急な登りとなる。栗城さんに登り切れるとは思えなかった。

「あと二時間で暗くなります。今、判断する、最後の、タイミングです」

栗城さんが嗚咽を漏らす。

「まだ始まったばかりなのに……もう少し頑張りたいです」

　森下さんも声を振り絞った。

「残念ながら戻るべきだと思います。命があれば、また挑戦できます。命を大切にしてください」

　応答はない。森下さんは俯くと片手で顔を覆った。そして五分後……。

「あと少しなんですけど……もう目の前なんですけど……ダメですかねえ？」

　栗城さんは涙声だ。森下さんは丁寧に、しっかりと、言葉を返した。

「エー、もちろんここからは見えないし、そこにもいません。ですが、現在地をしっかり聞いて、それを地図に落として、見て、測って、その結果、今日は日没には間に合いません。戻った方がいいと思います」

　森下さんがじっと返答を待つ。

「……了解しました……戻ります……」

　その声に森下さんは「はあっ！」と大きなため息を吐き出すと、唇を噛んだ。森下さんにとっても、下山は苦渋の決断だった。少し経って、自分を撮っているテント内のカメラマンに向かってポツリと言った。

「仕方ない。もうこれしかないですね。ボクがぶれちゃいけませんので……」

　私は目頭が熱くなり、鼻の奥がツンとなった。

　栗城さんのエベレスト初挑戦は、標高七八五〇メートル地点での敗退だった（敗退直後に事務所が発表した標高。一部報道では七九五〇メートル。栗城さんの公式ホームページでは、七七五〇メートルと記載されている。二〇二〇年十月時点）。下山を決めた栗城さんは、取り出したカメラを自分に向けると、「うおおお！」と慟哭《どうこく》の声を上げた。

「目標地点まであと少しなのに……」

　標高八〇〇〇メートルに満たない高度では通常、体調が悪くない限り酸素ボンベは使わない。「無酸素」と呼ぶことさえ躊躇われる「完敗」である。彼が「夢の共有」と呼び、億の資金を投入した登頂生中継も幻に終わった。

「時計の電池がありません。今、何時ですか？」

「今、十八時です」

　森下さんは十分おきに無線で時刻を伝えた。日はとっぷりと暮れていた。登山の事故は、緊張の糸が切れた下山中に起こりやすい。

　栗城さんに集中力を維持させるため、森下さんはブログに届いた応援メッセージを一つ一つ読み上げた。

「生きているからこそ次に挑戦できるんですよね。生きて必ず帰って来てください。名古屋から応援しています」

「あなたにできることは無事に下山することです。命あってなんぼです」

やがて栗城さんは、救助に来たシェルパに「I am tired.（疲れた）」と寄りかかった。

確かに映像に見入った。森下さんの言葉にもジンときた。

だが、栗城さんが下山を始めたとたん、私は暮れていくグレート・クーロワールが急に名残惜しくなった。私が見たかったのはやはりこの先なのだ、と気づかされたのだ。

この荘厳な氷の溝に、左右の手に持ったアイスバイル（ピッケルよりも柄が短い、氷壁を登るための道具）を交互に振るいながら登っていく、タフでひたむきな登山家の姿を画面で追いたかった。

リポートなどいらない。画質の劣る中継映像で共有しなくても、録画したハイビジョン映像の方がよほどありがたい。失礼ながら栗城さんである必要さえないと思った。

この十一年前の一九九八年秋、登山家、戸高雅史《とだかまさふみ》さんは、同じグレート・クーロワールを、標高八五〇〇メートル地点まで登っている。シェルパもキッチンスタッフも雇わない、妻と二人だけの遠征だった。戸高さんはこの絶壁をどういうふうに登ったのだろうかと夢想してみたりもした。

《せっかくプロの撮影スタッフが大がかりな機材を携えてここまで登ったのに……なんてもったいないんだ……》とも感じた。

それにしても、頂上までの標高差は一〇〇〇メートルもあった。この差を栗城さんは克服できるのだろうか……？

私には難しいと思えた。

それだけが理由ではないが、私が栗城さんのエベレスト劇場を番組に描くのは、この「第一幕」で最後となった。

第七幕

婚約破棄と取材の終わり

栗城事務所への取材依頼

この原稿を書くにあたり、私は栗城さんの事務所である「株式会社たお」に取材を依頼した。栗城さんの死後、マネージャーだった小林幸子《さちこ》さんが代表を引き継いでいる。父親の敏雄さんが取締役に名を連ねていたが、現在は小林さんが一人で会社を背負っている。

私は小林さんに聞きたいことがあった。

追悼ギャラリー「栗城史多は、誰？」。

二〇一八年十月、都内で開催されたイベントである。栗城さんの遺したウェアや登山用具が展示されたほか、親交のあった人たちのメッセージが紹介されていた。その中に小林さんの言葉もあった。

『彼のことは、誰にも止められなかったですね。彼は登れると本当に信じていたから』

私はショックを受けた。私は彼が、登れないとわかっていながらも、何らかの理由で登山を続けざるをえなかったのだろう、と推測していたのだ。

私にも彼と向き合った日々があり、私なりの「栗城像」がある。小林さんと意見を交換し、考察を深めたかった。情報を共有させてほしかったのだ。

だが、取材は叶わなかった。

小林さんからのメールでの返答によれば、私が私自身のブログに栗城さんのことを書いたのが大きな理由だという。

私は二〇一八年の六月から一年あまり、個人ブログを書いていた。SNSはどことなく毛嫌いしていたのだが、五十代半ばになり自分がやってきた仕事を別な形で一度整理しておこうと思い立った。ブログに書いた最初の記事は「〝ボツ〟企画書の恨み節」。番組として世に出したいと願いながらも実現できなかった企画について綴っている。もちろん、実際に放送した番組のこぼれ話や、主人公のその後の姿を書くこともあった。

私がブログを始める二週間ほど前に、栗城さんの訃報が報じられた。それ以降、彼と交流のあった人たちがコメントを出し始めた。

登山関係者の言葉にはハッとさせられるものがあったが、テレビ界から聞こえてきたのは「お悔やみの言葉」ばかりだった。深く考察された「栗城論」が百出するものと信じていた私は、肩すかしを食らった気分だった。

やがて、彼の話題はメディアでもネットの世界でも沈静化していった。

そんな中、ふと、「私の知っている栗城さん」について書きたくなったのだ。

すると、私がブログのことを知らせた人数（家族や友人など十人ほど）と同数だった一日の総アクセス数が、一気に一万以上に跳ね上がって唖然とさせられた。

それから約一カ月、私は不思議な感覚に囚われながら栗城さんのことを書き続けた。時には保管してある取材テープも確認して正確に書いたつもりだ。三、四本の文章を書いて最後に哀悼の言葉を述べて終わるつもりが、結局、三十二本も書いてしまった。

いい歳をして恥ずかしいが、記事に「いいね」がもらえると、見知らぬ読者に旧友のような親しみを覚えた。逆に貶《けな》すコメントがつくと、普段から快く思っていない実在人物の顔がなぜか目に浮かび、二重に腹が立った。

仕事で夜遅くなっても、続きを書こうとしている自分がいた。パソコンの中に、私を吸い寄せる生き物が棲んでいるように感じた。

《噂でしか知らなかった、ネットの魔力、ってヤツ……？》

これは危ない、と思った。鬱屈したエネルギーを抱えた人間がこれに取り憑《つ》かれたら、高い確率で攻撃的になるはずだ……。

二〇一九年の一月十四日、ＮＨＫが栗城さんのドキュメンタリー番組を放送した。その翌日、私のブログへのアクセス数は六万三千を超え、その日のアメーバブログのジャンル別（「その他職業」）一位となった。

私は怖さを感じると同時に、栗城さんにこう言われた気がした。

《あなたが取材をやめた後も、ボクは必死で生きて、人々の注目を集める存在になったんですよ》

父親の敏雄さんには、二〇一八年の暮れ、それまでブログに書いた原稿を整理したものを郵送していた。こんな手紙を添えた。

『私が接した史多さんの等身大の姿を、その言動への疑問も含めて綴っています。史多さんを賛美する内容ではありません。お父様のお立場からすると辛く感じられる箇所もあると思います。「帰らぬ息子に鞭を打つな」とお叱りを受けるかもしれません。それでも私が史多さんのことを書いたのは、人間はいろいろな面を持つ複雑な存在であること、そして今の社会が情報にたやすく踊らされ、考えたり吟味したりする能力を失っていることに危惧を抱いたからです。これはあくまで私個人の「栗城史多」論ですが、私なりに史多さんととことん向き合い、苦しみもした上で書いていきます』

　すぐに敏雄さんから電話があった。

「ありがとう。ノブの神棚に原稿を上げました」

　そのころすでに、私はこの原稿に取りかかっていた。世に出る、出ない、はともかくとして、「謎」に満ちた登山家の三十五年の人生を、私なりに考察しておきたかった。同時に栗城さんに関する記事を二〇一八年いっぱいでブログから削除することを決め、その旨告知した（「残しておいてほしい」というコメントが寄せられたため、二〇一九年二月まで延長）。事実を記したとはいえ、慌ただしい日常の中で書いた原稿である、読み返してみれば雑な表現や筆が滑ったところもあった。ノンフィクションとして全面的に書き直すと決めた以上、内容的に劣る原稿をそのままにしておくのは嫌だった。

　かつて取材した人たちとも久しぶりに再会し、たくさんの思いも寄らなかった情報を得た。同時に、「私の知らない栗城さん」を知るため、新たに多くの人に取材を申し込んだ。小林幸子さんはその代表格だ。

　しかし、会うことはおろか、電話で話すことさえできなかった。先述したように一通メールが届いただけだ。

『無断でブログに書いたのは不誠実』とそのメールにはあった。私などのブログを小林さんが読んでいたことにまず驚き、次に考えさせられた。その配慮は確かに欠けていた。

テレビ番組を作るときは、構成やナレーション原稿といった技術面だけではなく、取材した人やその関係者に与える影響を常に自問しながら作業する。だが、名もない個人のブログである。たかが、と軽く考えていた。素直に反省したい。

『生前に栗城の了解を取っているわけでもないのに死んだ後になって書くなんて』『番組の制作者を信頼して話したことなのに』などの疑問も投げかけられた。

小林さんの中で私は、栗城さんが死んだとたん舌なめずりしながら遺体に近づいてきたハイエナ、のように映ったのかもしれない。

私は小林さんとは面識がない。二〇一〇年二月の番組を最後に栗城さんと関わりを断ち、以後九年間、彼にも関係者にも連絡を取らなかった。小林さんが彼の東京事務所で働くようになったのは、私が取材をやめた後だ。取材をやめたのも、連絡を取らなくなったのも、私と栗城さんの歴史があるからだが、それを小林さんに伝える機会はもらえなかった。

小林さんは、栗城さんが二〇一二年に凍傷を負って帰国した後、細胞が壊死《えし》していく真っ黒な指を毎日処置し、彼が手術を受け入れた後は血だらけの切断面にも動揺することなく薬を塗り続けた。彼の著書にそう書かれている（『弱者の勇気』）。

年齢的には、姉、と呼ぶべきだろうが、小林さんには母性を感じる。母親には誰も勝てない。

小林さんの意向は重く受け止める。それでも、この原稿を世に問いたいと強く思った。

これだけメディアに露出した登山家は過去にいなかった。その言動はやはり重い。私たちは彼の死を、記録に残し、多角的に検証しておくべきだと思うのだ。ただ惜しむだけではなく、死んだとたんに美化するのでもなく、また安易にメディアや取り巻きに責任を押し付けるのでもなく。それこそが彼の死を無駄にしないことだと考えた。

　これから私が書くことに、小林さんは抵抗を感じることだろう。

　栗城さんの婚約者、Aさんのことを語っておきたいのだ。今となっては、元、婚約者だ。

「栗城史多は、誰?」……小林さんがイベント名にもしたテーマを考える上で、私はAさんの存在は重要だと思っている。

　そのAさんに、私は二〇一九年、十年ぶりに連絡を取った。携帯の番号もメールアドレスも変わり、職場も退職していた。長い時間をかけてようやく探し出したが、結論から言えば、取材には応じてもらえなかった。

　送られてきたメールには、以下のように書かれていた。

『十年一昔といいますが、私の中の過去の方についてお話することは出来ません。文字で書くと切口上となりご不快に思われるかと存じますが、私の気持ちです。どうぞご容赦下さいませ。家族でも友人知人でもございませんので』

　栗城さんとともにAさんを取材していた当時、私は彼女の感性や気っぷのよさ、ユニークな言葉の言い回しに、人間的な魅力を感じていた。同時にそんなAさんを妻に、と考えた栗城さんを見直す思いもあった。そんな当時の思い出話もAさんと交換した。

『先のメールでは嬉しい言葉をいただきました。ありがとうございます。大人になると褒められることなどありませんので、ほんのり嬉しかったです。様々なことが過去となり、思い出となり、今と未来を見て生きています』

Aさんは時々絵文字も使いながら、私に心境を語ってくれた。私も穏やかな心持ちになった。心から安堵したのだ。

Aさんがどんな女性で、今どんな暮らしを送っているか、ここには書けない。

しかし、「デス・ゾーン」に向かう登山家が一度は結婚を決意した事実は、彼の人生を語る上で避けては通れない。言葉を選びながら記しておきたい。

大切なひと

二〇〇七年の暮れ、南極のビンソンマシフを登攀中、栗城さんはこんな歌を口ずさんでいる。

♪　娘さん　よく聞〜けよ　山男にゃ　惚〜れ〜るなよ〜
（『山男の歌』作詞・神保信雄　作曲・不詳）

その映像を見た私は栗城さんに尋ねた。二〇〇八年の夏のことだ。

「南極で意外な歌を歌っていましたね？」

「え？　ああ」

栗城さんは苦笑して、婚約者の存在を私に明かした。私は吃驚《びっくり》して彼に言った。

「ぜひお会いしたい。お話だけでもお願いできませんか？」

栗城さんは当初、躊躇いを見せた。

「山に登る映像だけじゃ番組にならないんですか？」

ただの彼女ならそっとしておくが、なにしろ婚約者だ。

登山家は命を懸けた職業である。特に栗城さんの場合はそうだ。『デス・ゾーンを行く登山家』と彼の講演会場にも横断幕が掲げられている。そのデス・ゾーンに婚約者を送り出す女性の気持ちを、私は知りたかった。

二〇〇八年十二月。Ａさんに会えることになった。ただ話をするだけ、という条件だ。

待ち合わせ場所のホテルのロビーに、二人は手をつないで現れた。

《こんな大勢の人がいる場所で？》

私は怪訝《けげん》な顔をしていたのだろう、栗城さんが苦笑いを浮かべた。

「だって、つなげ、って言うんですもん」

それから私はAさんとも親しくなった。時に愉快な、時に真情溢れる切ない話を聞かせてもらったが、彼女自身が語った言葉もここには書かない。

Aさんへの取材の許可は、意外な形で言い渡された。二〇〇九年三月、札幌市内の中学校での講演の最中だった。栗城さんが生徒たちにこう言ったのだ。

「実は今日、重大発表があります。今年、ボクは結婚します！」

突然そんなことを言われても……いや、だから何？

リアクションが取りづらい話だ。それでも気を利かせた教師がパチパチと大きな拍手をすると、やがて会場中に広がった。これは生徒たちというより、撮影していた私たちへのサービスだな、と理解した。栗城さんはこの手の演出が好きだった。

「いいんですね？」

講演後の控え室で確認すると、栗城さんは言った。

「婚約者がいるのは出していいです。取材もいいけど、顔は映さないでください」

Aさんの希望なのか、栗城さんの要望なのかは聞かなかった。私は了解をし、まずは栗城さんの弁当を数日にわたって撮影することにした。二人はすでに一緒に暮らしていた。

肉の入っていない野菜カレーと玄米ごはん。オムライス。そして、マグロ。どれも、栗城さんの食へのこだわりを理解したメニューだった。栗城さんは笑顔で頬張っていた。

「幸せです」

「生かせてもらっています」

交際丸四年。この間には何度か別れ話も出たそうだが、二人は二〇〇九年のクリスマスに結婚することを決めていた。すでに式場も予約してあった。

南極で『山男の歌』を歌った後、栗城さんはテントの中でＢＣマネージャーのＭさんにこう語っている。

「普通の生活が一番いいと思う。きっと山は、当たり前の生活がどれだけありがたいかを感じるためにあるものですね。あったかい布団に入って、ごはん食べて、テレビ見て、家族みんなで団欒《だんらん》して、そういうことがどれだけありがたいか、こういうとこ来るとものすごく感じますね」

二〇〇九年五月放送の『マグロになりたい登山家』には、Ａさんの姿こそ映らないが、マンションの玄関で二人が口論するシーンが短く構成されている。

その日、栗城さんは朝一便で上京する予定だった。ケンカの後、いったんは車を走らせるのだが、思い直して携帯電話を取り出す。

「飛行機一本遅らせるからさ。帰ったら許してくれるでしょ？」

自宅に引き返してＡさんと話し合った後、ふたたび空港に向かった。運転しながら、「変なとこ撮られちゃいましたね」と栗城さんは苦笑した。

「エベレストも高い山ですけど、結婚もなかなかに高い山です。いや、もちろん、結婚しますよ、しますけど大変だ、って話です」

栗城さんがおにぎりを頬張った。彼女が作ってくれた「仲直りのおにぎり」だ。

番組の放送後、Ａさんからメールが届いた。

『私の父が、彼の真摯な、真面目に取り組む姿勢が表われていたと感動していました。娘のことには一言も触れませんが（笑）』

エベレストへの初挑戦が近づいた二〇〇九年八月上旬、私は東京でＹａｈｏｏ！との打ち合わせや支援者への挨拶回りをする栗城さんを取材していた。夜、一緒にホテルに帰ると、栗城さんの携帯電話が鳴った。

「えっ！　東京にいる？」

栗城さんが驚いて声を上げた。

《日本にいるのに何でこんなに忙しいのよ！》とＡさんがしびれを切らして会いに来たのだ。この後、ホテルの部屋でインタビューの予定だったが、私はＡさんに婚約者を解放した。

同じころ、Ａさんへのカメラ取材の許可が出た。

八月のお盆過ぎ、私たちはＡさんの取材に向かった。そのころ彼女は勤務先での仕事を週の半分に減らし、栗城さんの事務所で伝票整理などの雑務をこなすようになっていた。栗城さんはこのときエベレストに向けて旅立ったばかりで、Ａさんが一人黙々と働いていた。

二人が暮らす賃貸マンションでも話を聞いた。そこは札幌の中心部を流れる豊平川《とよひらがわ》のすぐそばにあった。夏になると、河川敷で花火大会が開かれる。「部屋から花火が眺められるなんて贅沢ですね」と私は言いかけた。しかし、栗城さんは留守がちだ。花火を一緒に見たことはないかもしれないと、その言葉を呑み込んだ。

リビングでAさんが見せてくれたのは、二人が挙式する式場のパンフレットだった。帰りの車の中で、カメラマンが呟いた。

「不謹慎ですけど『太陽にほえろ！』を思い浮かべちゃいました……」

私の少年時代に放映されていた刑事ドラマだ。マンネリを防ぐために数年に一度、人気の刑事が殉職する回が用意されていた。本人や愛する人が将来への夢や願いを語ると、番組の終盤にはその刑事の壮絶な最期が待ち構えているのだ。

九月末ごろ、私はパンフレットで見た結婚式場を見学に行った。やがて撮影することになる場所だからだ。

私たちは二〇一〇年の春にも、栗城さんの番組を放送する予定だった。その中には二人の結婚が描かれる。栗城さんにも了解を得ていた。エベレスト初挑戦の模様は他の局も報じる。だが、結婚式まで取材するのは私たちだけだ。私の中ではエベレストより、むしろ結婚がメインテーマだった。

大きな窓から白樺の木立が見えた。クリスマスのころ、この窓の向こうに雪がしんしんと降り積もる様をイメージした。その雪景色からカメラがゆっくりドリーバックしてくると、タキシードとウェディング・ドレスを着た新郎新婦が並んで立っている――撮影の段取りを考えるのは、私にとっても嬉しい作業だった。

別れ……そして取材拒否

『彼がとんでもないことを言い出しました。私はどうすればいいのか、ただ涙が出るばかりです』

Aさんから切羽詰まったメールが入ったのは、二〇〇九年十月。栗城さんがエベレスト初挑戦を終えて札幌に戻った二日後だった。

結婚に関わることだと察しはついた。「どうしましたか?」とは聞かず、「お話を伺います。気が向いたらいつでも連絡してください」とだけ返した。少し経って「すみません。ありがとうございます」とAさんから返信があった。

私はこの時点では、いつもの痴話ゲンカだと思っていた。その流れで栗城さんが「結婚は延期だ」とか「もう破棄する」とか口走ってしまったのだろう、と。

二カ月後には結婚式を挙げる予定なのだ。式場だって押さえてある。きっとすぐに仲直りするだろう。以前「おにぎり」を作ってもらったときのように……そう思っていた。

しかし、そうではなかった。栗城さんは、私からの連絡に一切応答しなくなったのだ。連絡に応じなくなった理由が、Ａさんとの別れ話にあることは間違いない。そのことに触れられたくなかったのだ。

最後のドタキャンが、まさか婚約破棄とは……。私は熱くなった。

《……これが現実なのだ、現実を伝えよう、ドキュメンタリーはただ謳い上げるためのものではない、人間の難しさや複雑な感情を描くことだってある。栗城さんに最後にそのことを知ってもらいたい、番組を通して。

山に登る姿を見せなくても、登山家、いや人間は描けるはずだ。面白いじゃないか！　登山の場面がない登山家の番組なんて、きっと誰も見たことがないはずだ。

いや、この番組の主人公は栗城さんではない。いっそ彼には一切触れず、姿さえ見せず、Ａさんを描こう。登山家と恋に落ち、激しく揺れ動いた末に、別れを決めた女性の思いを丁寧に掬《すく》い取るのだ。そこに何かしら人間の真理が見出せるのではないか？》

一度はそう意気込んだ。

だが、何をするにもＡさんの同意が必要だった。そのＡさんの電話もまた、つながらなくなった。飼っていた犬の名前をメールアドレスに使っていたが、そこにメールを送っても返信はなかった。お手上げだった……。

一時は体が震えるほどの怒りを覚えた。だがそれも、数日の間だった。

私は自分でも意外なほど、事態をあっさりと受け入れた。『マグロになりたい登山家』で、栗城さんの人物像と彼の登山がどういうものかは描けた実感があった。

エベレストへの挑戦も、一度見れば、正直お腹いっぱいだった。

しかも標高八〇〇〇メートルにも到達できず、本人も「山がでかかった。山の上に山がある感じ」と振り返っている。標高差一〇〇〇メートルの重大さは私でさえわかる。街から標高一〇〇〇メートルの山に登るのではない。デス・ゾーンに入った段階から、更に一〇〇〇メートルの高さを登るのだ。それに万万が一登頂できたとしても、他局と同じように映像を提供されて作るのでは面白味に欠ける。

そのころ私が見たドキュメンタリー番組も、栗城さんへの取材意欲を鎮める一因となった。登山家、山野井泰史さん、妙子《たえこ》さん夫妻を追ったＮＨＫの『夫婦で挑んだ白夜の大岩壁』である。ヒマラヤで共に凍傷を負った夫妻が、手足の指の切断手術の五年後、グリーンランドの標高差一三〇〇メートルの岩壁に挑戦する姿を描いていた。二〇〇八年の番組だが、私がビデオで見たのは二〇〇九年、栗城さんがエベレストに敗退した後だった。

東京の奥多摩町の自宅でクライミングの壁にぶら下がっていた泰史さんが、こんな言葉を漏らした。

「二年かかって以前の六、七割まで回復したけど、一時は本当に、指切っちゃった方が早いんじゃないかな、って何度も思ったよ」

泰史さんは両手の薬指と小指、それと右足全部の指を凍傷で失った。岩を登る際、本来ならそれぞれの手の指を四本ずつかけたいところを、人差し指と中指の二本に頼る。その二本の上に親指を巻き込んで補助するのだが、「中途半端だ」と泰史さんは話す。

「妙子みたいに指を全部落としちゃえば、均等に力が加わるはずなんだ。だから人差し指と中指も切っちゃえば、前と同じように懸垂できるようになる」

真顔でそう話す夫の横で、妻は笑う。妙子さんは両手両足十八本の指を切断している。

「そしたら普段の生活できないよ。ズボン上げるの大変なんだから、私」

耳を疑うような言葉がポンポン飛び交うが、二人は実に自然体なのだ。

ネット上に散見する「山野井さんこそ本物の登山家で、栗城さんはニセモノ」という評価を孫引きする気はない。栗城さんはニセモノではなく、別物、だと私は思っている。彼のすごさは登山とは別の次元にある。

だが、山野井夫妻の気負いも飾り気もない笑顔を目にしてしまうと、山で泣き言を言い、それをネットに乗せてしまう栗城さんが幼く感じられてしまったのも事実だ。

もう一つ、栗城さんから気持ちがすうっと離れたのは、私の個人的な体験が影響している。

栗城さんはエベレストに登頂できてもできなくても、近い将来山を下り、転職するのではないかという予感があったのだ。

たとえば、政治家に。

栗城さんは札幌の夏のイベント「YOSAKOIソーラン祭り」の提唱者で現在自民党の参議院議員である長谷川岳《がく》氏など、保守系の政治家たちに可愛がられていた。

人懐っこい笑顔で夢を語る。前向きで元気がいい。メディアへの露出度が高く知名度がある。選挙民、特に若者にアピールできる格好のキャラクターだ。政治の世界が利用しない手はない

——そう思っていた。

私は二〇〇三年に『ヤンキー母校に帰る』という全国放送のドキュメンタリーを制作した。その後、連続ドラマになり、その制作スタッフにも加わった。

義家《よしいえ》弘介《ひろゆき》氏が主人公だ。

北海道余市町の北星学園余市高校が全国から高校中退者の受け入れを始めた一九八八年、十七歳だった「ヨシイエ」（私の知る彼を、こう呼ばせてもらう）もこの学校に編入した。彼の在学中は教室や学生寮で話をし、卒業後は酒を酌み交わした。私の家に泊まったこともある。

「母校の教師になるのが夢だった」

「お前ら生徒は俺の夢」

……彼も「夢」という言葉が大好きだった。しかしその夢を捨てて政治家に転身し、言動も顔つきも同一人物とは思えないほど変貌した。

社会科教師時代のヨシイエは、平和憲法の大切さを生徒に説いていたのに、義家氏は愛国教育の旗振り役となった。ヨシイエは沖縄の苦難に満ちた歴史を熱っぽく語っていたのに、義家氏は「国が選定した保守系の教科書を採用するように」と沖縄・竹富島の教育委員会に乗り込んだ。

ヨシイエの母校での取材テープはすべて保管してある。その映像を義家氏の目の前で再生して差し上げたい。画面の中のヨシイエに反論してほしい。

彼を番組に描き、世に送り出してしまったことに、私はいまだ忸怩《じくじ》たる思いを抱えている。

こうした負の体験もあって、私は「夢」を声高に語る人間には、興味を惹かれる一方で警戒心が働くようになっていた。

「夢は口で十回唱えれば叶う」と栗城さんは言う。だが、言葉遊びに付き合うなら「ゆめゆめ」という表現だってある。「ゆめ」が二つ重なると打ち消しの意味を持つのだ。『ゆめゆめ根拠のない夢など、見ませぬように』――こんなふうに使う。

また、ニンベンに夢と書いて「儚《はかな》い」という文字になる。人の夢は儚い。Aさんの夢が叶えられなかったように。

実際の栗城さんは、終生、山に登り続けた。勝手な想像を働かせたことを、私は天に向かって詫びなければならない。

栗城さんが札幌の事務所を完全に引き払うのは二〇一三年だが、二〇〇九年のエベレスト初挑戦のころから実質的に活動の拠点は東京に移っていた。

距離的にも、気持ち的にも、私にとって遠い人になった。

栗城さんが何かのテレビ番組に登場すると、数分目で追うことはあった。しかし、他のタレントを見るのと同じだった。もはや怒りも、嫌悪感も、もちろん懐かしむような思いも湧いてこなかった。

だが、雪の季節に、かつて撮影の下見をした結婚式場のそばを通ると、必ずAさんの顔が頭に浮かんできた。

『今と未来を見て生きています』

十年ぶりに連絡を取った私に、絵文字を交えながら語ったAさんの胸の内は、想像するしかない……。

二〇一九年になって、私は一つの情報を得た。

栗城さんがAさんとの婚約を破棄したのは、ある「人物」の影響だったという。

彼はその人と「一緒に」エベレストに登頂しようとしていたのだ。

第八幕

登頂のタイミングは「占い」で決める？

シェルパの死

「栗城のことですか？　あまり話したくないですねえ……」

　栗城さんが亡くなって二カ月ほど経った二〇一八年七月。私は彼のエベレスト初挑戦を支えた山の先輩、森下亮太郎さんに電話をかけていた。そのときは、低く発せられたこの言葉とともに取材を断られたのだ。

森下さんははしゃぐタイプではないが、ユーモアを持ち合わせた人だった。私は栗城さんと森下さんが支笏湖畔の凍った滝でトレーニングをした際、森下さんにこんな質問をしている。

「栗城さんの登山の技術って、どの程度のレベルなんですか？」

何とも味わいのある笑みを、森下さんは浮かべた。

「えっ！　言っていいのかなあ？」

あのときの笑顔と受話器から伝わる警戒するような雰囲気が、私の中ではつながらなかった。

「正直、彼にはいい感情を持っていないので……」

北海道の七月は登山のベストシーズンだ。山岳ガイドの森下さんは多忙を極めていた。私は「秋になって時間ができたら読んでください」と、ブログのアドレスを森下さんにメールで送った。

年が改まってダメ元で電話をかけてみると、「会ってもいい」と言う。栗城事務所の小林さんとは逆に、私のブログを読んで「話してもいいかな」と思ってくれたそうだ。ありがたかった。

森下さんの自宅に近い江別市内の居酒屋で待ち合わせた。山の会を主宰している鈴木暢《のぶ》さんが店主で、栗城さんも大学時代に森下さんやＧ先輩と一緒に何度か訪れたという。酔ってご機嫌になると、スッポンポンになって踊っていたそうだ。

私が森下さんに会いたかった一番の理由は、森下さんが初回に続き、二〇一〇年、栗城さんの二回目のエベレスト遠征でも「副隊長」を務めていたからだ。

二〇〇九年の初挑戦は、標高七八五〇メートルでの敗退だった。八八四八メートルの山頂とは、ほぼ一〇〇〇メートルの開きがある。

森下さんは、栗城さんがこの標高差を克服できると思って同行したのだろうか？

「いや、仕事です」

あっさりと森下さんは言った。

「九月下旬ぐらいになると、北海道の山は霙《みぞれ》とか降って閑散期になるんですよ。その時期に仕事が入るのはありがたいので。ボクもプロなので、飛行機代は出すからボランティアで来てくれと言われても行けないです。栗城を認めているわけではないです」

「登れるとは思っていなかったんですね？」

「うーん」と、森下さんは少し考えた。

「彼が高所に超人的に順応できて、プラス、風がなく快晴、すべての好条件が揃えば、可能性は低いけど、もしかしたら……ぐらいですかね」

実は、と森下さんは続けた。

「一回目エベレストに行ったとき、あいつ、ボクにこう言ったんですよ……今回は登れなくてもいいと思ってる、二回目に登れたらむしろその方がいい……。テントでボクと二人きりのときで、それ聞いてしまったら仕事ができなくなるから聞かなかったことにするわ、って彼には伝えましたけど」

いきなり登頂に成功するよりも二回目でリベンジした方がよりドラマチックだ……と演出家は考えていたようだ。

「あいつが本当に登りたいなら二回目はそれなりの準備をしてくるだろうな、という期待も少しはありました」

リベンジを目指す栗城さんが選んだのは、前回のメスナールートではなく、ネパール側から南東稜を登るノーマルルートだった。私は彼から「中継にはチベット側が適している」と聞いていたので、彼の死後その足跡をたどるまで二回目以降もチベット側から挑戦し続けたのだと思い込んでいた。技術スタッフがネパール側から電波を送る手だてを考えたのだろう。

エベレストに出発する前、森下さんは栗城さんを酪農学園大学のトレーニング壁に誘ったという。ところが、

「あいつ、上まで行けないんですよ、一年生でも登れるのに」

その一年生も「テレビに出ている有名な栗城さんがこの壁を登れないなんて……」と困惑していたそうだ。

「その前は冬に羊蹄山《ようていざん》（一八九八メートル）に行ったんですけど、あいつ、ボクからどんどん遅れて、結局七合目ぐらいで下りることにしました」

リベンジを口にしながら、栗城さんは技術も体力も前年を下回っていた。

「一回目にあれだけ悔しがってたのは何だったの？　今まで何してたの？　って……呆れましたね」

好条件さえ揃えば登頂できるかも、という森下さんの希望的観測には、現地に行く前からすでに暗雲が垂れ込めていた。

単独を謳う栗城さんが「栗城隊」とも名乗る違和感について私が森下さんに話すと、「いや、ボクは栗城隊の副隊長です」ときっぱりとした言葉が返ってきた。理由を尋ねた。

「ボクの仕事は、隊長の栗城を安全に下ろすことではないんです。彼以外のスタッフを守る立場だった。栗城が一人で死ぬ分にはいいけど、周りを死なせちゃいけない、無謀な冒険の巻き添えにしちゃダメだ。他の隊員の命を守ることは栗城にはできない。副隊長であるボクの一番重要な仕事だと思っていました」

このときの遠征で、栗城隊には「不幸」があった。私はこの事実も、栗城さんが亡くなった後に知った。

カトマンズからルクラの空港へと飛び立ったプロペラ機が墜落し、乗っていた栗城隊のシェルパが死亡したのだ。前年登頂を断念した栗城さんをエベレストのＣ２付近で救助した、テンバさんだった。栗城さんは次の便に搭乗予定だったが、強風により欠航となり無事だった。

テンバさんはダウラギリでも栗城隊をサポートした。BCマネージャーだった児玉毅さんによれば、「栗城君と同い年で、献身的で強いシェルパだった」という。

実は私自身も、海外でのロケ中に、水中撮影の男性カメラマンが行方不明になる事故を経験している。一週間捜索したが見つからなかった。

危険な海域での撮影とは思えなかった。現地の警察から取り調べも受けたが、何が起きたのか見当もつかず、捜索に当たったダイバーも謎だと言った。撮影は九割方終了していたが、遺族の感情に配慮して番組は放送中止となった。

事故の後、私は長くうつ状態に陥った。私が指示を出さなかったら、そのとき彼が海に潜ることはなかったのだ。彼は私にその番組の制作を持ちかけた、いわば企画者でもあった。私がその企画に乗らなければ、企画が没になっていれば、海に入るのが別の日、別の場所だったら……と、いつまでも悔やんだ。

だから私は、シェルパが亡くなったとき栗城さんがどんな行動を取り、どんな登山をしたのか気になった。おかしな言い方だが、この事故はそれまでの栗城さんを変える大きな「転機」になりえたのだ。栗城さんは、不幸を生かすことができたはずだった。

栗城さんの登山は続行され、番組も放送された。

そうであるならば、この登山と番組は「夢の共有」とか「日本を元気に」といった、誰に宛てたかわからない目的のためではなく、ただ一つ「亡くなったテンバさんのために」山に登り、番組を作ればよかったのだ。

テンバさんがどういうシェルパだったか、仲間の話や、可能であれば遺族、そして前回の挑戦で彼に救助された栗城さん自身の証言を番組に構成する。

同時に、自分の登山がどれだけ多くのシェルパとスタッフに支えられているかを、きちんと映像にして、視聴者に伝えればよかった。

そうすることで、さりげなく、カミングアウトできたのだ。

「これが栗城スタイルです。単独ではありません」と。

栗城さんの苦手な、謝罪も弁明も一切いらない。ただ、番組の中で見せればよかった。そしてそれ以降、単独、という言葉を使わなければいいだけのことだった。

発想を更に広げて、チョ・オユーのときからつきあいのある日本テレビの『24時間テレビ』に企画を持ちかける手もあった。世界の登山隊のために命を散らすシェルパ族の窮状を訴え、日本の視聴者に彼らへのチャリティー募金を呼びかけるのだ。「テンバ基金」と名付けて。

そうすればエベレストには登れなくても、栗城さんはシェルパのために行動を起こした登山家としてネパールの人たちに感謝と敬意を持って語り継がれたかもしれない。

栗城さんには、「演出家」が必要だった。企画に営業、（一部）撮影から主演までを「単独」でこなすのは土台無理なのだ。

「栗城は泣いて、テンバさんの奥さんに『これからずっと面倒見る』とか言って……たぶんお金も渡したと思うけど。ボクらもこんな経験初めてだから、どうしたらいいのかわからなくて……。そしたら、あいつ、ツイッターで呟いたんですよ……」

　これは河野さんも知っているかもしれないけど、と森下さんは私を見た。知らなかった。この原稿に残すのも嫌な言葉だが、ネット民を騒然とさせた事実だそうなので、書く。

「一言叫んでいいですか？　うんこ、って。うんこ、たべたい……って」

　栗城さんがそう呟いたのはテンバさんの死から四日後の夜だった。その翌日、スマートフォンを手にした栗城さんは森下さんに興奮した口調で言った。

「森下さん、きのうの呟き、すごい反響ですよ！」

「え、なんて呟いたの？」

　返ってきたその答えに、森下さんは絶句したという。

　栗城さんに寄り添って事態を解釈すれば、彼は親しかったシェルパの死に精神のバランスを崩していたのだろう……しかし……。

「そんな隊長についていく隊員なんていませんよね……」

　ＢＣの空気は終始重苦しかったという。特に仲間を失ったシェルパたちは皆、沈痛な面持ちだった。森下さんは自分にできることを淡々とこなすしかなかった。

「これはテレビの番組に使われちゃったんですけど、ボクがテントの中に一人でいたとき、栗城のピッケルを磨いてたんですよ。あいつ、ロープとか道具の扱いが昔から雑で、スパッツ（脚絆《きゃはん》）とかもボロボロなんですね。厳密に言えば単独の登山で他の人間がピッケル磨くの、アウトなんですけど……。そのときあいつ、何してたか？　……外で凧揚げやってたんです。スポンサー用の撮影かもしれないけど、それにしても……」

森下さんがビールを呷《あお》った。ジョッキを空けた後の表情が悲しげだった。

「シェルパにも伝わりますよね、『こいつはニセモノだ』って。『登る気はないんだな』って。これじゃあ彼らとの信頼関係なんて生まれないし、他の日本の登山家の評判まで落としてしまう」

こんなこともあったという。前年に続いて栗城隊のサポートについた通訳のテトさんが、「シェルパから相談を受けたのだが……」と森下さんのところにやってきた。

「栗城の荷物の一部を実はシェルパが預かっている、って。持って上がるよう頼まれたみたいなんですけど、どうしましょう？　って聞かれて……そうかあ、ごめんね、これじゃあ全然ソロ（単独）じゃないね、って……」

森下さんは、栗城さんにやんわりと伝えたそうだ。

「プロであるシェルパに、『自分たちの仕事は一体何なのか？』と疑問を抱かせるようなことを、ボクたちは絶対にしてはいけないと思う」

その言葉の意味を、栗城さんもさすがに理解した様子だったという。

森下さんはこの二回目のエベレストで、栗城さんと決別することを決心する。

その一番の理由は、彼の準備段階での怠慢でも、シェルパが亡くなった後のツイートでも、凧揚げでもなかった。

彼がBCで最初に放った一言にあった。

婚約者との別れも「占い」で

栗城さんはスピリチュアルの類が好きだった。彼が大学時代に好意を寄せていたKさんは、栗城さんが百万円以上する水晶玉を持っていたと話す。

「それを見せながら、山の神様について語っていました。登頂するには運が必要で、それは神様次第なんだ、って。そんな高価なものを売りつけられて、騙《だま》されてるんじゃないか、って思いました」

南極最高峰に二度目の挑戦をしたときは、札幌の児玉佐文さんに国際電話をかけ、事務所の本棚にある「般若心経《はんにゃしんぎょう》」の本を、滞在先のチリのホテルまでわざわざ送らせている。

神仏やスピリチュアルへの傾倒は、デス・ゾーンに向かうようになってからいっそう拍車がかかったようだ。

「エベレストのＢＣには、『ムー』を持って来てました」

森下さんが苦笑した。月刊のオカルト情報誌である。

それはまだいいとして……に続く森下さんの言葉に、私は耳を疑った。

「ＢＣに入って最初に言われたのが、『今回は占いの先生の判断を最優先したい』って」

「占い？」

「時々メールが来るみたいですよ」

「カトマンズの占い師ですか？」

「いや、日本の」

「名前は？」

「聞いたかもしれないけど覚えていません。知り合いから勧められたって言ってました。よく当たる、って」

「判断を最優先するというのは？」

「いつアタックするか……」

「えっ！　登頂のタイミングを占いで決める、ってことですか？」

「森下さんから天気の状況とかは教えてもらいますけど、最後はそっちを信じますから、そこのところはよろしくお願いします……って」

「……森下さんは何て言ったんですか？」

「わかったよ……って」

私はしばらく言葉が出なかった。森下さんが「フー」とため息をついた。

「ある意味、自分の判断、ある意味、単独、ですけどね……」

森下さんが寂しげな笑みを浮かべた。

《いや、これは断じて単独ではない。栗城さんは占い師と一緒に山に登っている》

山は一つの宇宙だとも聞く。厳かで神秘的な世界にどっぷりと浸かっていると、占いやスピリチュアルに傾倒するメンタリティーが形成されやすいのだろうか？　地球に帰還したのちに宗教家になった宇宙飛行士がいたように……。森下さんの見解を求めた。

「うーん」と、森下さんは居酒屋の天井を見上げた。

森下さんの会話には人間らしい「間《ま》」がある。言葉を探しながら、自分の思いをできるだけ正確に伝えようとする。このときに気づいたのだが、これは栗城さんとの大きな相違だった。栗城さんは質問したら瞬時に答えが跳ね返ってくる。たぶん彼の話は、基本的にお笑いのテンポなのだ。それが面白いかどうかはともかくとして。

森下さんは長い間の後、大きく息を吸うとゆっくりと言葉を吐き出した。

「人にもよるでしょうけど、ボクはむしろ逆だと思います。山をやればやるほど山への畏敬の念は確かに強くなります。でも同時に、山は自分で判断しなきゃいけないことの連続なんですよ。その判断を何千回何万回と重ねるうちに、自分自身の山での感覚も研ぎ澄まされていくんです。判断と感覚って直結してるっていうか……。その判断を占い師に頼っちゃったらアウトだとボクは思います」

だから……と森下さんは私を見た。

「栗城にはもうエベレストは無理だな、と思いました」

栗城さんのエベレスト二回目の挑戦は、標高七五五〇メートル（筆者注・栗城さんの公式ホームページ記載の標高）での敗退だった。単純に標高だけで比較すれば、初回より三〇〇メートル低い。しかしその遠征から帰国してまもない十一月、栗城さんはこんなタイトルの本を出版する。

『NO LIMIT』（二〇一〇年・サンクチュアリ出版）

限界など自分自身が作った幻想にすぎない――。この言葉はその後、栗城さんの代名詞のように頻繁に用いられるようになる。

「NO LIMIT」という言葉を聞いて、私は二十年ほど前に見たアメリカのテレビドキュメンタリーを思い出した。ボクシングの世界チャンピオン、モハメド・アリ氏（一九四二～二〇一六年）を追った番組だった。

現役時代のアリ氏は毎日ランニングを欠かさず、しかもとてつもなく長い距離を走った。番組のディレクターが、走るアリ氏を呼び止めてこう尋ねる。

「一体いつまで走るんですか？　そろそろ限界でしょう？」

　その場駆け足をしながら、アリ氏は答えた。

「もう限界だと思ったところが、やっと半分なんだ。私はいつも自分にそう言い聞かせているよ」

　私は感銘を受けた。実に具体的でイメージがしやすい。アスリートだからこそ言える、しかも、受け手が自分の身に置き換えて噛みしめることができる。「アスリートの珠玉の言葉」とはこういう言葉を指すのだろう。私は今も時々この言葉で、仕事に疲れた自分にムチを振るうことがある。

　それに比べると「ＮＯ　ＬＩＭＩＴ」は漠然としすぎている。

　栗城さんの著書『ＮＯ　ＬＩＭＩＴ』は、詩集というか、自己啓発本と呼ぶべきか、彼の信条を表す短い言葉を羅列した本だ。

『絶対に成功すると思い続けた者だけが成功するし、思い続けられれば、それだけで成功者だ』

『僕はもう覚悟は決めている。どんなことも受け入れる』

　……ひどく観念的で、私には宗教本のようにも感じられた。彼が多忙で長い文章を書く時間がなくて、こういう形の本を出したのか？　……そうではない気がする。

わずか一年前の二〇〇九年に発売された第一作『一歩を越える勇気』には、イキイキしたエピソードやキラキラした個性的な言葉が随所にあった。私が取材した時期とも重なっている。このころの栗城さんは「マグロのような体が理想」をはじめ、なかなかにしゃれた台詞を吐いていた。

小樽の山で滝行をした後、彼はこう言った。

「滝に打たれると、裸で冬山に放り出されたような感覚になるんですよ。目の前真っ白だし、音は聞こえないし、冷たいし」

これまで登った山についても、彼らしい言葉で表現していた。

「キリマンジャロは土の匂いがしました。南極は氷の山で、空気中のゴミが少ないせいか、吐く息が白くならないことにビックリしました」

南極で息が白くならないのは本当である。私は南極越冬隊に参加した知人に確認した。

「各大陸の最高峰はどこもそうでしたけど、夜の星が上じゃなくて、真横に見えるんです」

栗城さんの足跡をネットの動画などでたどったが、彼が山で語る言葉もまた、『NO LIMIT』以後、「停滞、もしくは後退した」印象を受けた。

聞き手や読み手の心を摑む、表現力豊かな言葉が減ったのはなぜか？

……占い師に思考を預けてしまったからではないか？

この占い師は、感性や言葉だけではなく、もう一つ栗城さんから大切なものを奪っていた可能性がある。

児玉毅さんは証言する。

「Ａさんとは別れなさい、この人とつきあってたら、絶対あんた山で死ぬよ……占い師にそう言われたって、彼、話してました」

同様の話は他の人からも聞いた。事実として、占い師と栗城さんとの間でこうしたやりとりがあったのかは証明できない。栗城さんがよくやる、ウケ狙い、または照れ隠しの「ネタ」だったのかもしれない。しかしそもそも、軽々しく口にすべき話ではない。

登頂のタイミングや婚約者との相性の前に、彼には占い師に尋ねることがあったはずだ。

「なんで先生は、『テンバさんが事故で死ぬ』って教えてくれなかったんですか？」

第九幕

両手の指九本を切断

震災……登頂への決意

二〇一一年三月十一日。

栗城さんはアラスカ南部の港町バルディーズのホテルで、信じられない光景を目撃していた。

家が、車が、津波による濁流に流されていく。

「初め見たときは、映画のCGだろう？　って。ニュースの映像とは思えませんでした」

栗城さんに同行していた児玉毅さんはそう振り返る。二人はアラスカ・チュガッチ山脈でヘリ・スキーをするため滞在していた。

現地はまだ三月十日の夜だった。空に見事なオーロラが出現したので、二人はカメラで撮ってツイッターにアップした。数分後、栗城さんのファンから『今、日本が大変なことになっていますよ』と返信が入った。慌ててホテルのバーに駆け込み、テレビを見たのだ。

そのころすでに千歳市の「大将」こと石崎道裕さんは、「行かなきゃ！」と準備に取り掛かっていた。マイクロバスを持っている知人に声をかけ、座席を取り外してもらうと、その車内にコンロや鍋、麺などの食材を大量に積み込んだ。地震から十一日後の三月二十二日、賛同する仲間十人と計五台の車で被災地に向かった。

宮城県の南三陸町に入った石崎大将は、車で寝泊まりしながら被災者にラーメンを振る舞った。

やがて、同行した一人の男性がネットで義捐金を呼びかけ始めた。総額一億円ほど集まった。募金した人の中には、当時石崎大将が発行していたメールマガジンの読者も数多くいた。

「ところが義捐金は、彼自身の口座に入るようになっていて、ぜんぶ独り占めですよ。かかった経費も払わない。今、優雅に暮らしてますよ、彼は……」

被災地から千歳に戻ると、製麺会社からの請求書が待っていた。その額、百三十万円。大きなため息をついた石崎大将だったが、救いの手も差し伸べられた。

北海道内のテレビ局が、石崎大将の活動をニュース番組の特集で放送したのだ。それを見て客が詰めかけ、妻の紀子さんが店に置いた募金箱は数日のうちにいっぱいになった。

「総額百四十万円です！　涙出ました……。こんなに応援してくれるならまた行かなきゃって、すぐ二回目です。三回目に入ったときは、現地に電気がついてましたね」

アラスカの栗城さんは、三月十四日、大学時代の知人が「震災で原発が危なそうだ」とツイッターで呟いたのに気づき、「状況を教えてほしい」と問い合わせていた。

これは大変なことになったぞ、と毅さんと顔を見合わせた。

二〇一一年八月。

栗城さんは北海道赤《あか》井《い》川《がわ》村《むら》にあるキロロリゾートの一角で、福島の子どもたちを対象にしたアウトドア・イベントを開催した。二十五人の子どもと六人の保護者が参加した。カヌーやイカダ下りに歓声を上げ、キャンプとバーベキューを楽しみ、ザリガニやクワガタを捕まえた。

毅さんが一週間にわたるプログラムを組んだ。

「イベントを開催したのはその年だけでしたけど、皆、すごく喜んでくれました。栗城君は将来、教育とか社会貢献みたいなことがしたいんじゃないかな、とボクは感じました」

このキャンプが終わってまもなく、栗城さんは「エベレストに向けた肉体改造」と称して、ある行動を起こしていた。私はそれに驚愕したのだが、実はその肉体改造の内容については、かつて密に取材していたころ、彼から聞いたことがあった。

「メスナーさんって、エベレストに登る前、自分の血をいったん抜いてるんです。知ってました？」

　私は、突然そんな話を始めた彼に少し身構えた。

「抜いた血を、登る前に、血管に戻すんですよ。そうすると血が濃くなって、高所に強くなるんです」

「本人が言っているんですか？」

「いえ、ある人から聞いたんですけどね」

　メスナー氏が登ったのは一九八〇年八月、チベット側からの登山が解禁された直後だった。チベットのＡＢＣに入ったのは、氏とこの翌年彼の妻となるアメリカ人女性だけだ。中国政府から義務付けられた医学上の介添役という名目ではあったが、医師でもなければ、注射器で血を戻すために同行したわけでもない。第一、抜いた血液を冷凍しておく設備などＡＢＣにあるわけがない。どう考えても眉唾モノだ。

　ところが栗城さんは、これを実行に移していたのだ。「肉体改造」と称して……。

　更に驚くことに、彼はツイッターでその様子を発信していた。二〇一一年八月二十四日の日付だった。

『トレーニングのクライマックスは、某クリニックで血液の赤血球の強化です。血を抜いてまた入れます。低酸素に強い血液を作ります。結構キツイ…』

血液を抜く（入れる？）ときの写真までアップしている。これに対して、たちまちリツイートが寄せられた。

『これって、ドーピングしてるってことですよね？』

『血液ドーピング』

『自転車界だとアウト』

栗城さんは『試合直前にやる選手とは違います。登頂が十月中旬です』『最初にやったメスナーさんに言って下さい』と弁明している。

血液ドーピングは、体内の赤血球を一時的に増やす。マラソンなど持久性種目では有効だとされている。そのため、ＩＯＣ（国際オリンピック委員会）は一九八八年から禁じている。登山界においても一九九〇年代から議論が活発化し、二〇〇三年開催のスポーツクライミングのジャパンカップでは、初めてのドーピング検査を実施している。登山家は検査の対象外だが、日本山岳・スポーツクライミング協会が出した「アンチ・ドーピング」に関する声明には、血液ドーピングを含めてドーピングは「フェアプレーに反し」「健康を害する」「社会悪」であり、『トップレベルにある登山者・クライマーが、そうしたものに依存していては、後に続く者たちにたいして、悪い影響をもたらしてしまいます』と明記されている。

私はこの「ドーピング事件」に二つのことを思った。

一つは反省だ。初めて聞いたあのとき、この話は眉唾だとわからせる努力を私は一切しなかった。

もう一つは逆説的な言い方だが、エベレスト登頂に賭ける栗城さんの決意を感じた。ドーピングという認識が皆無だったにせよ、この「肉体改造」に踏み切るには不安と躊躇いがあったはずだ。勇気を振り絞って賭けに出たのだと、私は思った。

「夢の共有」を掲げる彼には、自分が果たすべき使命が、天啓に打たれたように明確に見えていたのではないか？

「震災で打ちひしがれた日本に、『がんばろう』のメッセージを届けたい」

なんとしてでも登頂を果たしたかった……結果が欲しかった……。

三回目の挑戦にあたり、前回と同じネパール側のノーマルルートを選んだのも、登頂の可能性が最も高いからだと思われた。


子どもたちの夏休みが終わろうとしていた八月末、栗城さんは出国した。

シェルパを十二人雇って、登頂を目指した。

栗城さんは遠征中のブログに、「腰や喉が痛い」「氷が固くてアイゼンが刺さらない」などと訴えてはいるものの、体調はおおむね良好だったようだ。「登らせてくれそうな気がします」

とも綴っている。

　東京の事務所もファンに呼びかけていた。

『登頂予定の十月十三日に生中継を行なうので、自宅や職場をパブリックビューイングの会場に変えて、少しでも多くの仲間と、歴史的瞬間を共有してほしい』

　しかし、十月十二日、予期せぬ理由から栗城さんが登頂を断念したことが発表される。

『七八〇〇m地点に埋めておいた食料と荷物を、キバシガラスに荒らされた。雪を溶かして水を作るためのガスコンロも紛失したので、登頂を断念した……』

　栗城さん自身も、帰国後のインタビューで語っている。

「斜面に荷物を埋めてジャケットをかけたけど、横からやられた。カラスの方がボクより頭がよかった」

　カラスに荷物を荒らされる前、栗城さんは不可解な行動を起こしていた。ノーマルルートを標高七二〇〇メートル地点まで進んだところで、なぜか左に逸れ、普通の登山隊なら絶対に行かないルートにわざわざ転進したのだ。

　ノーマルルートを登る登山隊の大半は、エベレストとその右隣に聳《そび》えるローツェ（八五一六メートル・世界四位）の間の鞍部、標高七九〇六メートルの「サウスコル」に最終キャンプを張る。しかし栗城さんが進んだのは、サウスコルへの最短距離ではあるが傾斜が強く、登りつめると脆い懸垂氷河に直面するルートだった。一九五六年にスイス隊がこのルートからサウスコルに到達したが、落石でシェルパが死亡する事故が起きた。立ち入るのは無用なリスクだと、その後登った隊はない。

エベレスト登頂経験のある札幌の佐藤信二さんは、「栗城君はノーマルルートを登れないと実感して、敗退の言い訳にするためにルートを変えたんじゃないか」と推測する。ネット上にも同じ指摘が数多くアップされているが、栗城さん自身は転進の理由をブログにこう記している。

『何よりも真っすぐにサウス・コルに向かえるのが美しかった。そして、この標高差を一気に登ってみか《ママ》った』

栗城さんはこの行動を、カトマンズ在住の山岳ジャーナリスト、エリザベス・ホーリー氏（一九二三〜二〇一八年）に『褒められた』ともツイートしている。

『カラス事件はあってもアルパイン・ソロ（単独）でそこを登ったのは凄いから胸を張りなさい』

このツイートを読んで不審に思った人が、「ホーリー氏に直接メールで聞いてみた」と「2ちゃんねる」掲示板に書き込んだ。本人から返信されたという英文までアドレス付きでアップされている。

ホーリー氏は二〇一八年、九十四歳で他界しているため、私は彼女が創設した非営利団体「ヒマラヤン・データベース」に、その英文メールが本人によるものか確認を求めた。「本人が送ったことを証明する術《すべ》はもはやないが、書かれている内容は事実だと思われる」との回答だった。

「2ちゃんねる」投稿者がアップした、ホーリー氏の返信は次のような内容だ。

「私は栗城氏には一度も会ったことがない」

「彼に会うのはいつも私の助手。その助手は彼に、あなたの登山は単独ではない、と伝えている」

「私はヒマラヤの登山史を記録するのが仕事で、誰も褒めることはない」

ネット民の非情

ノーマルルートを逸れた末、カラスのせいで敗退したと発表した栗城さんは、翌年、このとき以上に「ありえない」行動に出る。

二〇一二年秋。四回目のエベレスト挑戦。

栗城さんが選んだのは、ノーマルルートより格段に難度が高い西稜ルートだった。稜線の上は常に強風に晒される。しかも西稜は長く険しい。

一九六三年にアメリカ隊が初めて足を踏み入れ、一九七九年にはユーゴスラビア隊が基部から忠実に稜線をたどって頂上を踏んだ。一九八一年、明治大学エベレスト登山隊が、大学の「創立一〇〇周年記念」として挑戦したのもこのルートだ。総力戦を展開し、山頂まで九八メートルの高さまで肉薄した末に断念している。いずれの隊も大人数で装備も日数も要する「極地法」で挑んだ。

その難ルートに「単独無酸素」で臨むと言えば、ヒマラヤを知る人たちが怒り出すのも無理はない。

しかも栗城さんはこの年の六月、ヒマラヤのシシャパンマ（八〇二七メートル・世界十四位）でケガを負っていた。登頂を断念して下山中、クレバスに落ちて右手の親指を骨折し、胸の軟骨も損傷したのだ。

体調が万全ではなく、過去三度の挑戦で一度も八〇〇〇メートルに届いたことがないのに、わざわざ登頂困難なルートを選んだ。これには、児玉毅さんも首を傾げたという。

「アラスカにスキーに行ったときは、まだまだやる気満々だったんですけど……。あれ？　登頂が目的ではなくなって来ているのかな……とは感じましたね」

そしてこの登山で、栗城さんは指に重度の凍傷を負うことになる。

このときＢＣマネージャーを務めたのは女性だった。彼女の姿を見て私はハッとした。面差しが栗城さんの婚約者だったＡさんに似ていたからだ。

《ＡさんがなぜＢＣに？》

《ええと、これはいつの映像だっけ？》

私はリアルタイムではなくＤＶＤや動画で振り返っているので、余計に頭の中が混乱したのだ。

彼女は東京の技術会社の音声スタッフで、栗城さんの最初の挑戦から同行していた。初回の収録映像はすべて見たので、私はスタッフに若い女性がいることには気づいていた。だが画面に大映しになることはなかったため、容姿までは気に留めていなかった。

無線での対応も的確で、聡明な女性と思われた。

キャスティングはとても新鮮だったが、肝心の栗城さんの行動はチグハグだった。

まず、このときの遠征はＢＣ入りが遅かった。前年は九月七日にＢＣに入った（栗城さんは直前の八月にスポンサー「ニトリ」の社長にあいさつに行った際、「すぐに行った方がいい」と叱られている）。二〇一二年はそれよりも遅い、九月十二日のＢＣ入りだった。

十月二日。栗城さんは「八日の登頂を目指す」とＢＣ（五三〇〇メートル）を出発した。Ｃ1（六〇〇〇メートル）、Ｃ2（六四〇〇メートル）まで登ったものの、「ジェット・ストリームが近づいているので去るのを待つ」と十月六日にＢＣに戻る。

十月九日、再びアタックに向かった栗城さんは、Ｃ1を飛び越えＣ2まで一気に登るが、そこで四泊。十三日になってＣ3（七二〇〇メートル）へ上がったが、体調不良を理由に二泊する。この状況には親交のある登山家、野口健《けん》さんも『ステイ？　二泊はつらい』とツイートしている。

せっかく体が高度に順応してきたのに、停滞が続けば耐性が失われ、動かなくても疲労はどんどん蓄積する。長引けば大量の脳細胞が死んでいく。登頂アタックの段階になったら、極力迅速に登るのが高所登山の鉄則である。

こうした高度退化への疑問のほか、ネット上には「ガスや食料がもつのか？　非常に不自然」という声も上がっている。

動きのない栗城さんに代わって、心配そうに山を見上げる女性ＢＣマネージャーを主軸に、エベレスト劇場は展開していく。

栗城さんは十月十五日、Ｃ３から下山の意向をＢＣに伝える。しかしそれを撤回して、十六日、また登り始めた。予定のキャンプ地には届かず、遥か手前、標高七五〇〇メートル地点の岩陰にテントを張ることになる。エベレストの最終キャンプは八〇〇〇メートルを超えた地点に設置するのが一般的だ。それより五〇〇メートルも低い。山頂までの標高差は一三四八メートルに及ぶ。

それなのに栗城さんは、十七日、「モンスーンが来るまでのラストチャンスなので登頂を目指す」とＢＣに告げるのだ。

「頂上で会いましょう」

午後七時十五分に入ったその無線連絡を、女性マネージャーは表情一つ変えずに聞く。

「標高七五〇〇メートルからの山頂アタック、了解しました。決めたからには頑張ってください。無理はしないように」

淡々とした口調で言うと、彼女は「オーバー（以上）」と無線を切った。


壁に取りついた栗城さんは、凄まじい風に晒され続けた。同じころ、エベレストの隣の高峰、ローツェを目指していたポーランド・スペイン隊は、シェルパが強風の影響で滑落死したため下山している。

栗城さんは、十月十八日の早朝、登頂を断念する。

「風が強すぎて、これ以上は危険だって判断しました……ごめんなさい……」

栗城さんが標高七五〇〇メートル地点のテントに戻ったのは、十八日の午後五時半ごろだった。下山を決意して十二時間、前夜の出発からは実に二十二時間十五分が経過していた。栗城さんはすぐに無線でBCに救助を要請した。

夜十時、救助のシェルパを待つ栗城さんはBCのスタッフに無線で思いを語っている。

「水分補給もできていない。体がブルブル震えていて……。本当に七五〇〇メートル、酸素と水がないと厳しいかもしれないよ」

指を動かせず水が沸かせないことを、切々と訴えている。

「本当にもう指はダメだと思うの。もう心も体も厳しい状況なの」

BCの撮影スタッフが、言葉を選びながら静かに伝えた。

「栗城君一人の命を救うために本当に多くの人間が動いています。本当に多くの人間が必死に栗城君の無事を祈っています……。栗城君が今できることは、一晩、とにかく一晩、がんばって生き抜いて、そしてまた元気な顔を見せてくれることだけです。とにかく一晩生きてください。いいですね」

その言葉を女性BCマネージャーも悲痛な面持ちで聞いていた。栗城さんの声が届く。

「ああ、了解、ごめんなさいね。こっちもだいぶ精神的に……テントの中が寒すぎて……ハア、ハア、ごめんなさい」


翌日、シェルパの助けを借りてC2に下りた栗城さんは、ヘリコプターでカトマンズの病院に搬送された。病院のベッドで両手を広げた写真を、栗城さんはネットに公開した。左右ともほとんどの指の第二関節から先が真っ黒に変色している。

私が栗城さんのブログを覗いたのは、彼が凍傷を負って半年以上が経過した二〇一三年の夏だった。当時はもう彼の活動に注意を払っていなかったので、情報に接するのが遅くなってしまったのだ。

私がショックを受けたのは、彼の黒く変色した指に対してではなかった。

私がアクセスする数日前、栗城さんは長い文章をアップしていた。

『「(筆者注・スマートフォンをいじるために)指なし手袋でアタックした」(中略)など、訳のわからない言葉が並ぶ…。(中略)現場のことが分からない人や、足を引っ張りたい人は、そのように書きたいのでしょうが、(中略)知っている人は知っているので、人の挑戦を馬鹿にする人はどうでもよいのです』

私はこれを読んで初めて、栗城さんがネットで批判されるようになっていたことを知った。そして自分を攻撃する投稿者に彼が反論していることにショックを受けたのだ。

私が彼を取材した二〇〇八、九年ごろ、ネット民の栗城評は「称賛」一色だった。

「大好きです!」

「素晴らしい!」

「大注目のヒーロー!」

「こんな若者を待っていた!」

正直に言うが、栗城さんに様々な疑問を抱き始めていた私は、「誰か文句を言っているヤツはいないのか?」と検索したことがある。三十分ほど探したが、誰もいなかった。

栗城さんはネットが大好きだった。「もうテレビは厳しいんでしょう?」と私にイタズラっぽい目を向けたこともある。その彼とネット民の関係の変化に、私はホラー映画を見たような鳥肌を伴う寒気を感じたのだ。

演出の誤算？

森下さんは、栗城さんが凍傷になった後、頃合いを見計らってメールを送っている。「ご心配かけてすみません」と返信があったそうだ。

「凍傷だと聞いてさすがに心配になりましたけど、一方では『何やってるんだ？』と腹立たしい思いもありました。冬山のトレーニングをしっかり積んでおけば、凍傷になりかかったらすぐに気づくはずなんです。『指の体温が戻りづらい。おかしいな』って。その感覚が養われていないのは、準備不足と自己管理ができていない証拠です。今の時代、凍傷は登山家の勲章にはなりません」

ある疑念を、森下さんは抱いたという。

その疑念は多くの登山家に共通していた。佐藤信二さんは言う。

「一本二本ならわかるけど、彼の場合、凍傷の境目が何本もの指にわたってきれいに一直線になってる。ああいう凍傷はちょっと見たことがないですね」

エベレスト四回目の遠征メンバーは、森下さんが副隊長を務めたころと大きく変わってはいない。森下さんは今も交流が続く隊員の一人からある情報を得ていた。

「登頂を諦めて『下りる』って言ってから、四時間も無線連絡が途絶えた、呼んでも返事がなかった、って……。何してたんだ？　って思いました。それで最初は、栗城が自分で手袋を外して、雪の中に指を突っ込んだんじゃないかって……凍傷になるために、わざと……ここまでひどくなるとは想像せずに……」

その後、二十二時間も外にいたと知って多少は自作自演の疑念を拭ったが、そんな長時間行動すること自体、高所登山のセオリーを無視している。

栗城さんの凍傷は、広い意味で言えば、やはり演出上の誤算だったのではないか？

彼は「登山を面白くしたい」と語るエンターテイナーである。観客の目を常に意識していたはずだ。出国前の記者会見で、栗城さんはこう発言している。

「これが最後のエベレストになるかもしれない」

それだけではない。大きな構想を語っていた。

「これまでの登山と今回の映像をドキュメンタリー映画にまとめたい」

リアルドキュメンタリー夢教育映画『エベレスト・ライジング』——そう命名していた。全国の小中学校での無料上映を想定しているという。その製作意図を、会見でもブログでもこう説明している。

「夢に向かうカッコイイ大人の姿を伝えたい」

公開予定は翌二〇一三年夏だった。制作費が不足しているとして、クラウドファンディングで一般からの出資も募っていた。

栗城さんはこの映画用の「強いシーン」が欲しかったはずだ。

停滞を長引かせて観客をハラハラさせ、追い込まれた状態になってから必死にもがく……。過酷な西稜ルートを舞台に選んだのも、映画が面白くなりそうだという直感からかもしれない。「今回は空からの撮影も行なう」と、栗城さんはラジコンヘリコプター三機を手配し、そのオペレーター二人を現地に同行させている。

だが、舞台となる西稜の〝売り〟は強風である。ラジコンヘリなど簡単には飛ばせない。順応登山の段階では撮影できたが、舞台の「山場」である登頂アタックに入ってからの空撮映像はなかった。

子どもに夢を与えるのは、普通に考えれば、何よりも「登頂」というクライマックス・シーンだろう。単純明快、ストレート、子どものハートのど真ん中を捉える。

この作品が「カッコイイ大人を描く」人物ドキュメントだとするなら、観客の心を揺さぶることができるのは、唯一、主人公の行動だけなのだ。

難度の高い西稜ルートを選んだこと、遅いＢＣ入り、強風や体調不良を理由にした高所キャンプでの長いステイ、山頂に届くはずのない標高差一三四八メートルの最終アタック、その二十二時間に及ぶ行動……栗城さんの四回目のエベレスト劇場は、不可解なシーンが連続した結果、凍傷という後味の悪いエンディングを迎えたのだ。

全責任は演出家に帰する……残酷だが、舞台の鉄則である。

右手の親指をのぞく九本の指を切断するしかない……。

重度の凍傷を負った栗城さんは、帰国後に入院した病院でそう宣告された。凍傷は放っておけば傷口から雑菌が入って敗血症を引き起こし、最悪、命を落とすこともある。

しかし、栗城さんは手術を頑なに拒んだ。

二〇一二年十月三十日、帰国して一週間後のブログにはこうある。

『お見舞いに来てくれた方が、「夢があればまた指が生えてくるよ」と言ってくれました』

わざわざブログに書くくらいだから、栗城さんはその言葉に本当に励まされたのかもしれない。現実をいまだ受け入れられず、奇跡を祈るような思いもあったのだろう。また、彼の熱烈な支援者や講演会を共にした人たちが口にしそうな台詞ではある。だが、これはもうオカルトに類する話だ。

私はこのブログに、一年前の「肉体改造」のツイッターを思い出していた。

栗城さんは「新しい治療法で治す」とインドやウクライナまで医師を訪ね歩いた。日本では無認可の薬を取り寄せて服用した時期もある。「再生医療の未来に希望を見出している」とブログや著書でしきりに語っている。

オカルトと再生医療が矛盾しないのが、栗城史多という人なのだ。

私のやりきれなさを代弁してくれるようなコラムに出会った。

朽木《くちき》誠一郎さんという医学生が、二〇一三年一月三十一日、ウェブマガジンに書いていた。

『彼が再生したい指にはもう、血管そのものがないのだ。（中略）いちど死んだものは生きかえらない。（中略）指にはどんな細胞、組織があるだろうか。皮膚・筋肉・骨、爪・血管・腱、もっと厳密にすればそれらはさらに無数の細胞によってかたちづくられているのだ。それらをすべて、いちから作り出す。まるで魔法のような話だ。そんなことができるのなら、怪我や病気で死ぬひとなんかいなくなる。（中略）彼に安易に再生医療と口にしてほしくはないと僕は思う。（中略）登山の中継や講演活動など、パフォーマンスに熱心な栗城氏であれば、その言説には重い責任が伴う。炭酸水や薬草、アメリカの名医、そして氏に次々とリプライされる眉唾ものの代替医療の情報を、安易に社会に拡散するべきではない。希望にすがりたい気持ちを否定するつもりはない。でも、それに善意の人たちが巻きこまれ、健康を害するようなことがあってはならない。

栗城氏を下山家と揶揄する向きもあるが、下山とは自分にできることとできないことを落ちついて考えるための手段ではないのか。闇雲にエベレストのような希望を語るのではなく、まずは地に足をつけ健康になってもらいたいと心から思うのである』

「下りろ」と「登れ」の狭間で……

「凍傷を負った年に、山を下りるべきだったね」と、千歳の石崎大将は振り返る。

私が石崎大将にじっくり話を聞いたのは、二〇一九年の六月だった。場所は大将が千歳市内で経営する、身体や精神に障害のある人たちのためのグループホームである。大将はもうラーメン屋の店主ではなかった。

栗城さんがエベレストで敗退を繰り返す間に、大将の身の回りにも様々な変化が訪れていたのだ。

「『2ちゃんねる』でえらく叩かれたんですよ、『栗城を応援してるラーメン屋だ』って。私はネット見ないんだけど、店の看板外されて持って行かれたり、裏口の前に大便されたり……大便はたまたま切羽詰まった人がやらかしたのかもしれないけど……なんでそんなことするのかねえ？　栗城君は純粋な思いで登ってるのに……。まあネットのせいじゃないんだけど、店は閉めたんですよ」

女将として店を切り盛りしてきた妻の紀子さんが、腕の痛みに苦しむようになった。それが、閉店に至る直接の原因だった。

「腱鞘炎じゃないんだけど、まあ長年の疲労の蓄積かな……。私は講演とか集まりとかで留守ばっかりで……妻に大きな負担をかけちゃったんだね」

自分一人でできる仕事を、と考えていた石崎大将は障害者福祉の世界と出会った。現在、千歳市内で四つのグループホームを運営している。

講演やイベントへの出演は辞退するようになったが、一件だけどうしても断れない依頼があって本州方面の会場に出向くと、栗城さんも一緒だった。両手の指に包帯を巻いていた。

「痛々しいというか、生々しいというか……。それでも笑顔で講演してましたよ、山の映像見せながら、以前と変わりなく……。登山はもうやめるだろうって予想してたし、下りろ、って話をするのは私の役割じゃないって思ってたんですよね。他にいろんな偉い人が彼の周りにはいるわけだから。私は女房のこともあるしね」


札幌事務所の児玉佐文さんにも、当時の思いを尋ねた。

「東京の小林さんから、『命には別状はないけど、凍傷がひどい』って連絡があったんですが、不思議とボクは驚きもショックもなくて、静かに受け止めましたね」

「もう下りてくれ、とは思いませんでしたか？」

「いやあ、どうせ言っても聞かないし。そういう熱い感情は湧いてきませんでした」

児玉さんは「夕張まで講演に行ってみたら、聴衆が十人もいなかった」という時代から、栗城さんを支えてきた。二〇〇五年、南米大陸最高峰アコンカグアに登頂した栗城さんを、ウェブマガジンの記者として取材したのが最初の出会いだった。二〇〇七年にウェブビジネス全般を扱う自身の会社を立ち上げた児玉さんは、その業務の傍ら栗城さんの講演やスポンサー回りなどのサポートを一手に引き受けた。報酬は月に三万円から六万円ほど、これは栗城さんが有名になってからも変わらなかった。

和歌山県出身の児玉さんはソフトでゆったりとした関西弁を話す。足を揃え背筋をピンと伸ばしてきれいなお辞儀をする。高校を出るまで剣道に打ち込んでいたそうで、所作の美しさはそこに理由があるのだろう。スポンサーにも好印象を与えるはずだ。

自己主張しない恬淡《てんたん》とした児玉さんだからこそ、異形の登山家と大きな衝突もなくやってこられたのだろう。語弊があるかもしれないが、関西人らしからぬ人だ。ご本人にそう言うと、

「いやあ、めっちゃ関西人ですよ」

と首を振った。

「ヤバイとこには一切首を突っ込まんとこう、って思うてますから。Aさんとの婚約も破談も、ボクはずうっと距離を取ってました、しっかりと。彼に対してのボクは、言うたら、嫁はん、かもしらん。うちの旦那、今何をしてんのやろう？　次どないすんのやろう？　って」

いつか別れたると思いながら添い遂げちゃった古女房でしょうか、と児玉さんは笑った。

栗城さんが凍傷を負った一カ月ほど前、タレントのイモトアヤコさんが、テレビ番組の企画でアルプスのマッターホルン（四四七八メートル）に登頂を果たした。

《栗城さんの存在も危ういな……》

四歳年下の思わぬライバルの出現だ。私は番組を見て久しぶりに彼のことを思った。

イモトさんはマッターホルンに登頂し、番組も高い視聴率を獲得した。一方の栗城さんは四回目のエベレストも敗退し、凍傷まで負った。

今振り返れば、同時期に行なわれた二人の登山の「明」と「暗」は象徴的に思える。

テレビの視聴者など薄情なもので、新しいスターが登場したらすぐにそっちになびく。

栗城さんがいくら単独無酸素を強調しても、登頂シーンがなければ作品としては盛り上がりに欠ける。女性が登るというインパクトに加え、キャラクターの強さやリポート力でも、イモトさんに軍配が上がる。プロの制作集団が現場に張りついているのも大きい。栗城さんに太刀打ちできる道理はなかった。

二〇一三年は、栗城さんが山からの情報を一切発信できない年となった。しかしこの年の十月、彼のツイッターでの呟きが大問題に発展する。

イモトアヤコさんがマナスルに登頂したこと（ちなみに「認定ピーク」ではなく本当の頂上）を、栗城さんは放送前にバラしてしまったのだ。

『某ヒマラヤ登山テレビの企画であの方とメンバーが無事に登頂』

この番組企画の技術スタッフは、栗城さんの中継をサポートするメンバーでもあった。その一人から聞いて呟いたのだが、放送前に結果が明かされたら視聴率に響く。イモトさん本人でさえ口外できない。業界の常識を、栗城さんはいとも容易く破ってしまった。

ツイッター削除に動いたのが、児玉佐文さんだった。

「どうしよう？　って本人から電話が入って……。技術会社の社長も矢の催促で……早く消せ！　まだか！　って電話でボクに怒鳴りまくってて……。ボクはその方面の仕事バリバリやってたんで、東京の事務所に代わって動いたんですよ」

この一件で技術会社は、長く協力してきた栗城さんの中継から手を引くことになる。

栗城さんは以前も、血液ドーピングを「メスナーさんもやった」と呟いて顰蹙を買っている。ホーリー氏の一件もそうだ。彼の周りにいた人たちはなぜ栗城さんに、ＳＮＳをやめさせなかったのだろう？　児玉さんに尋ねてみた。

「ボクも『発信には気をつけろ』と言いましたし、支援者の中にも口酸っぱく注意する方はいらっしゃいました。でも、何をやっても止められなかったんですよ、ヤツを」

山に登れない間、栗城さんは講演を精力的にこなし続けた。

「講演の後のサイン会でも、右手の親指と人差し指の間にマジックを挟んで何百枚もサインしてましたね。本当は切断すべき指に包帯巻いて。痛みはまったくないらしいんですけど、刺激するとマズいそうで、それでも気をつけながら器用にこなしてました。一回困ったんは、どこかの会場で無茶言うてくるオバハンがおって……何とかさんへ、何月何日、って入れてくれ、って。そういうときは嫁はんのボクが出ていって、すみません、この指なんでカンベンしたってください、って」

彼の真っ黒な指は、どうなったのか？

「ボロッと落ちた、って聞いてます、何本か。それでちゃんと手術せなあかん、って話になって。本人もさすがに観念しました」

凍傷を負って一年以上経過してようやく、栗城さんは手術を受け入れた。二〇一三年の十一月下旬と翌二〇一四年一月上旬の二回に分けて、右手の親指をのぞく九本の指の、第二関節から先を切断した。

栗城さんから切り離された九本の指は、母親の眠る今金町の墓に納められた。

「何かと諦めの悪い男ではありましたねえ」

児玉さんが呟いた。旦那を亡くした古女房が、通夜の席でぼやいたように聞こえた。

大学時代の栗城さんにスポンサー獲得の指南をした和田忠久教授は、札幌国際大学の後、東京の拓殖大学に移った。そこで定年を迎えて退職し、現在はマレーシアの大学で教鞭を執《と》っている。

栗城さんは二〇〇九年四月に和田教授の勧めで拓殖大学の大学院に入学していた。「地方政治行政研究科」の修士課程だ。当時、取材していた私も知らなかった。

「彼としては登山家一本でやっていく自信がそのころはまだなかった。それでボクが勧めたわけ。大学に話してみるか？　って」

当時の大学のホームページに、栗城さんが藤渡《ふじと》辰信《たつのぶ》総長や和田教授と一緒に写った写真が掲載されていた。二〇一〇年一月二十二日に撮影されたものだ。「在学中の栗城史多さんは世界的に有名な登山家です」とも記載されている。

入学した二〇〇九年といえば、エベレスト初挑戦の年である。栗城さんは多忙を極め、大学院に通う余裕などなかったはずだ。私がそう言うと、和田教授は苦笑した。

「一回も授業出なかった、忙しすぎて。それでボクが『退学するか？』って聞いたら、『します』って。あんまりあっさり答えるもんだから、ボクもガクッとなっちゃって」

栗城さんは二〇一〇年に退学した。恩師の勧めだったとはいえ、栗城さんの行動は登山同様にチグハグである。

和田教授は、その後も年に一度ぐらいのペースで栗城さんと会っていたそうだ。「指に包帯してたころも会いましたよ」と言う。どんな話をしたのだろうか？

「札幌にいたころは何でも気軽に話してくれたんだけど、そのころはもう自分の胸の内は明かさなくなっていたなあ……。お金はそれなりに稼いでいただろうけど、内心は苦しかったと思いますよ。いろんな人が応援してくれているのに成果を出せない、非難されるようになった……。下手にしゃべって、また尾ひれがついて広がるのを警戒している感じがありましたね。それにボクに何て言われるか、彼はもうわかっていたから……」

和田教授は、残念そうに唇を嚙んだ。

「エベレストにはもう見切りをつけて、次の人生を考えろ、って。せっかくビジネスの才能があるんだから、って……会うと必ず話してたんです」


二〇一八年六月、札幌で開かれた「お別れの会」で、私は栗城さんの兄と初めて言葉を交わした。史多さんより七歳年上だ。訃報を受けて高齢の敏雄さんに代わって東京に飛び、物言わぬ弟と対面を果たした。

「史多が指を失くしてからは、ゲンコツを張ってでも山に行くのを止めようとしました。実際に何発か殴った。そのうち、私の連絡には一切応じなくなりました……」

同じ身内でも、父親の敏雄さんの考えは違ったようだ。

凍傷を負って入院した都内の病院から、栗城さんは帰国して初めて敏雄さんに電話をかけた。

「怒られるだろうな」と覚悟していたが、受話器からは明るい声が返ってきた。

「おめでとう！ 生きて帰ってきたことに、おめでとう。そしてもう一つ、お前はその苦しみを背負ってまた山に向かうことができる。それは、素晴らしいことなんだよ」

栗城さんの著書にはこうある。

『僕は、父から「おめでとう」という言葉を聞いたあの瞬間に、苦しみながらも山へ復帰することを選んだ』（『弱者の勇気』）

だが彼の真情は、本に書いたよりも複雑だったようだ。そのことを私に教えてくれたのは、栗城さんが大学時代に思いを寄せていたKさんだった。

哀しみのハグ

栗城さんの大学時代の仲間たちも、指を手術した彼を気遣って連絡を取っていた。栗城さんは決まって冗談めいた言葉を返している。

知人Bさんからの電話には、「指が生えてくる魔法の粉があるから大丈夫です」。

DJサークルの亀谷和弘さんのメッセンジャーには、「牛丼屋に行ったときに自動販売機でおつりを取るのが難しいけど、あとはどうってことないよ」。

凍傷を負ってから指の切断手術を受け入れるまでの一年あまり、栗城さんの中には様々な葛藤があったはずだ。

「もう山を下りろ」と言う人、「また登れ」と励ます人……二つの意見の狭間で彼は何を思っていたのか？

私は、仕事の関係者以外で、この間、栗城さんと直接会って話をした人物を探していた。

一人だけ見つかった。それがＫさんだった。

Ｋさんは二〇〇九年に札幌国際大学を卒業後、ＪＩＣＡ（国際協力機構）の青年海外協力隊員としてアフリカで二年間活動した。帰国後は郷里で就職したが、二〇一三年春、臨床心理学を学ぶため大学院に入っていた。

「栗ちゃんに会ったのは、その年の春ごろか、十一月に友人の結婚パーティーがあって上京したときのどちらかだったと思います。連絡はたしか、私からしました。四年以上会っていなかったし、彼の指のことも気になっていたので」

夕方、待ち合わせ場所のＪＲ恵比寿駅に栗城さんが迎えに来た。袖も裾も長い地味な色のケープコートを着ていたのが印象的だったという。駅から少し歩いて、魚料理を出す居酒屋に入った。

「指に包帯のようなものを巻いていました。ケープを羽織っていたのはその手を隠したかったからなのかな……。でも落ち込んだ様子はなく、以前と同じ、おちゃらけた栗ちゃんでした」

実はうつ病の治療を受けている……と栗城さんから聞かされたのは、食事の後、彼の事務所のあるマンションの下まで案内されたときだった。

栗城さんはこの翌年に刊行された著書『弱者の勇気』に、指の治療に通うクリニックの医師の勧めで『心療内科を訪れた』と書いている。ところが栗城さんの目には、心療内科の医師の方が病んでいるように映り、「自分で立ち直るから大丈夫」とスタッフに告げた、という趣旨の記述がある。一度だけの診察で終わったのか継続的な治療を受けていたのか、Kさんは栗城さんの説明をはっきりとは覚えていない。だが、自らうつ病の話をすること自体、かつての栗城さんを知るKさんには信じがたいことだった。

「私もショックでした……精神的にはかなりキツイ状況だったんだろうな」

　Kさんは大学時代、栗城さんから交際を申し込まれたことがあった。彼に魅力を感じてはいたが、恋人としてはイメージができなかったので断ったそうだ。時を経てこの夜、「実は私も栗ちゃんのこと好きだったんだよ」と言うと、栗城さんは「なんだよ〜、言ってよ〜」と笑顔を見せたという。

「最後にそんな話をしたのは不思議な気がします」

　二人が会ったのは、これが最後になった。

「事務所の下で別れました。彼から寂しそうな、孤独感のようなものを感じました。あたりは暗闇でしたが、その闇に引きずり込まれそうな、または一体化しそうな孤独感でした。最後にハグをして別れましたが、彼が誰かを必要としているように感じ、ハグをし終えるのが申し訳ないと感じるほどでした……。ただ、私の中で彼は友人で、同志のように感じていましたから、数秒のハグをして別れました」

Kさんは、孤独の闇の中を彷徨う栗城さんに、登るよう勧めたのか？

「人と違う人生を選んだ人に、大きな孤独はつきものだと私は考えています。栗ちゃんが孤独を抱えながら、闘いながら生きていることは感じていました。でも、『やめたら？』なんて私は言えませんし、言おうと思ったこともありません。自己実現していくことに喜びを見出している人ですし、彼が選んだ人生なので」

「雪女」と「火星の山」

脳科学者の茂木《もぎ》健一郎《けんいちろう》さんは、栗城さんと握手をしたときの感触が忘れられないと話す。雑誌の対談で、初めて会った時だった。栗城さんはその時、すでに指を失っていた。

「指がない人と握手したことはなかったから、こっちは恐る恐るだったけど、彼の方はまったく意に介さず握ってきて。あの躊躇いのなさもきっと栗城さんの何かを表していると思うんだけど、握ってみたら、赤ちゃんの手みたいに柔らかかった。あの感触は自分の手にははっきりと残っています」

対談前にネットで検索してみると、「プロ下山家」の文字が目に飛び込んできた。ネット上の栗城評はかなり荒れていて、対談を企画した編集者まで「やっぱりキャンセルしましょうか?」と心配するほどだった。だが、茂木さんは「実際に会ってみないと、どんな人かわからない」と引き受けた。仕事柄、「正統」よりも「異端」、「中央」よりも「末端」に関心がある。過去に「いかにも正統派」然としたプロ登山家と対談したこともあったが、栗城さんから受けた印象は、その登山家とはまったく違うものだった。

「その辺にいる今風の若者でしたね。どちらかと言えば、なよっとした感じ。話し始めてちょっとしたら、基本的にいい人だなと感じて、それ以来、友達になりました。銀座にある彼の事務所も何度か訪ねたし、その近くの行きつけのお寿司屋さんにも連れて行ってもらいました。栗城さんが親しかったタレントの武《たけ》井《い》壮《そう》さんと一緒だったこともあります」

　栗城さんから聞いたたくさんの話の中で、茂木さんが強烈なインパクトを受けたエピソードがある。「雪女」の話だ。

「彼の事務所で、五、六人で何かのミーティングをやって、それが終わった後、二人で立ち話のような形になったときに、不意に、何の脈絡もなく、その話を始めたんですよ。

　たしかエベレストの八〇〇〇メートル近いキャンプ地だって言ってたけど、テントの中で眠っていてふと目が覚めたら、雪女が自分の上に乗っかっていた、と。顔も姿もはっきり覚えている、って。チベットの女性の顔立ちで、髪が長くて、その髪がアニメーションのように、ふわーっと波打っていて、ああ、って思った瞬間に、栗城さん、人生で初めての、夢精、をしたって言うんです」

その話をする栗城さんが、真顔だったこともひどく印象に残ったそうだ。

「ボク以外のどれだけの人に彼がその話をしたかは知らないんだけど、持ちネタとか、人に話しているうちに誇張されてストーリー性が強まったとか、そういう感じはなかったですね。酸素が薄いとそういう幻覚を見るのかなあ」

私には初耳だった。私はある支援者から、栗城さんがエベレストのＢＣで水のシャワーを浴びたとき、せっけんが手から滑って局部を直撃し、本人も思いがけないことに射精してしまった話は聞いたことがあった。

だが、笑い話に近いその体験談と、茂木さんの聞いた雪女の話は異質な気がする。

修験道の伝統などもあって、日本において山はかつて女人禁制だった。ヒマラヤにも「雪男」伝説はあるが、「雪女」にまつわる話は聞かない。

「雪女は何を象徴しているんだろう？」と話すうちに、私はなぜか栗城さんからかつて聞いた不可思議な話を思い出した。それを茂木さんに伝えた。

「これまで登った六つの大陸の最高峰に、栗城さんは何かを置いて来たそうです。何を置いたのかは言いませんでしたが、彼はそれを置くことを『結界を張る』って呼んでいました」

結界を張る。

もともと密教の言葉で、神聖な場所に邪気が入らないよう呪文を唱えたりすることである。

危険な場所にいる自分自身を守るためにも使う。

「へえ、いかにも言いそうですね」と茂木さんは頷いた。

「これはボク自身の研究なんですが、起業家とかアーティストとか、意志の力で道を切り拓いてきた人って、意外と非科学的、非論理的なことを信じる傾向が強いんですよ。アーティストだったら、地方公演のときに自分の楽屋の前に『盛り塩』をするとか。そうした非合理的なものを信じる力が結果として実行力や行動力につながることもあるから、人類は進化の過程でそういうものを重視する脳の機能を保存してきたんだろうと私は考えています。

栗城さんの『結界を張る』も、たぶん本気でそう信じていたんでしょうね。山に登るって、そういう信仰とかが必要なのかなあ。なにしろ命が懸かっているんだから。何かにすがりたい気持ちもあるだろうし」

二〇一四年三月、栗城さんは、茂木さんがパーソナリティを務めるＴＯＫＹＯ ＦＭの番組『Ｄｒｅａｍ ＨＥＡＲＴ』にゲスト出演している。

二週にわたって放送されているが、一週目、三月二十三日の放送では、「細胞外マトリックス」という再生治療で「左手の指が五ミリぐらい伸びてきている」と栗城さんは語っていた。

指の切断手術をした後、彼はブログにこう綴っている。

『最近、アメリカでは切断したマウスの指が爪の幹細胞から再生できるという研究結果も発表されました。近い将来、それが実用可能となる日もくるでしょう。楽しみです』

栗城さんはそう信じていたようだ。茂木さんは振り返る。

「ラジオの中でも、本当に嬉しそうに話していました。『指が伸びてきている』って。ボクは科学者として、難しいんじゃないかなあ、とは思ったけど、あの信じている感じは印象的だったなあ」

ラジオ番組の二週目、三月三十日の放送では、「今思い浮かぶ人生の夢や目標は？」という茂木さんの質問に、栗城さんはこう答えている。

「火星の山に登りたいですね。火星に太陽系最高峰の山があるんです。オリンポス山《さん》っていう山なんですけど。高さは、二七〇〇〇メートル」

エベレストの三倍以上高い、しかも火星の山の話に、茂木さんも驚きを隠さなかった。

「まず火星に行かなきゃいけないじゃないですか？　場外ホームラン（級の話）ですね」

「アポロだって、『月なんて行けない』ってみんなが思ってた時代に行ったんだし。五十年後、人類は火星に行ってるかもしれない。ボクも八十歳で登れたらなあ、って」

無酸素で、と付け加えて、茂木さんを笑わせている。

私と話していた茂木さんが、ふと視線を宙に移し、呟いた。

「不思議な人だったね、あの人」

観終わった映画の余韻に浸っているような表情だった。

凍傷を負って一年九カ月後。
栗城さんはヒマラヤの舞台にカムバックを果たす。

第十幕

再起と炎上

「ボクをサポートしてください!」

『山の先輩と八ヶ岳に行ってきます』

二〇一四年三月から、栗城さんのブログには「山の先輩」という言葉が頻繁に登場するようになる。八ヶ岳をはじめ、西穂高、富士山、赤岳――。先輩との山行は、栗城さんが亡くなる二〇一八年まで四年間、数十回にわたって行なわれた。

その先輩に話を聞くことができた。花谷泰広《はなたにやすひろ》さんである。栗城さんより六歳年上だ。花谷さんは二〇一二年十一月、ネパールのキャシャール（六七七〇メートル）南ピラーを初登攀した功績で、翌年の「ピオレドール賞」に輝いた日本のトップクライマーである。

栗城さんのサポートをするようになった経緯を尋ねた。

「いやあ、ツイッターで本人から連絡が入ったんですよ。驚きましたね。以前カトマンズのホテルで少し言葉を交わしたぐらいで、面識はないに等しかったから」

栗城さんに対して当初「いい印象を持っていなかった」と、花谷さんは言う。

「注目のされ方に抵抗がありましたね。大した山に登ったわけでもなければ、大したレベルでもないくせに、って。でもそれもある意味、先入観かもしれないと思い直して。まずは会ってみて、まっさらな状態で判断しようと。どこまで本気なのか、自分の目で確かめようと思って」

八ヶ岳の登山口で待ち合わせた。栗城さんの顔を見たとたん、花谷さんには感じるものがあったという。

「一目でわかりました。山に戻りたいんだな、って」

栗城さんにとって指を切断手術した後、初めて登る雪山だった。それを考慮して、花谷さんは比較的易しいルートを選んだ。四、五時間登って、山小屋に一泊して下りてきた。

「体力はあるんだな、ちゃんと歩けるんだ、って驚きましたよ。すごく強いわけではないけど、まったくダメなヤツなんだろうな、って想像してましたから」

指の手術から二カ月ほどしか経っておらず、栗城さんはまだ靴ヒモを結べず、アイゼンも装着できなかった。花谷さんが代行すると、「すみません」と頭を下げたそうだ。

栗城さんはなぜ花谷さんにサポートを求めたのか？

花谷さんは二〇〇四年にインドのメルー中央峰（六二五〇メートル）の難関ルートを登攀中、滑落して足首の靱帯を断裂する大ケガを負った。一度は登山を諦めかけたが、一年半のブランクの後、メルーに再挑戦して登頂を果たした。

苦境から這い上がった花谷さんに、自分も、と奮起したのである。

『大きな事故の後に、いい山登りができるようになる――花谷さんの言葉は励みになった』と栗城さんはブログに書いている。

栗城さんがガイド料を払って、花谷さんに山の案内と技術指導を仰ぐ「ガイドと客の関係」ではあったが、二人は様々な話をしながら友情を育んでいく。

「ボクも会社を立ち上げようとしていた時期だったので、栗城君に逆にアドバイスをもらったりもしました。不思議と山の話はほとんどしなかったですね」

大きなハンディキャップを負った栗城さんだが、利き手である右手には親指が残っている。ピッケルは握れた。肘を雪の壁に押し付け、足を組みかえながら、雪の壁をどうにかよじ登れるようになった。細かいことはできないが、これまでの経験から高所には強い。体力さえつければ登山家としての伸びしろはある、と花谷さんは見ていた。

栗城さんは営業や講演で多忙なので、事前に「どのくらい負荷をかけられるのか」を相談した上で、花谷さんがルートを決めた。トレーニング最初の年は、バリエーションルート（一般的な登山道ではない、ロープなど特別な装備を要するルート）を一日一ルート行けば限界だったが、四年目には一日三ルートこなせるようになっていた。

栗城さんがテレビのインタビューで、「花谷さんに贈られた」と紹介した言葉がある。ネットでも「深い。さすがは花谷さん」と賛同の声が上がっていた。

「山を見て登るな。自分を見て登れ」

……何やら深遠そうには聞こえる。だが、私にはよく意味が呑み込めなかった。《山を見ないと登れないでしょう？》と不思議に思えたのだ。

花谷さんに正直に問うと、笑い声が返ってきた。

「『山を見て登るな』なんて、ボクは一言も言ってないんですよ。ボクは彼に、ちゃんと自分自身と向き合え、って言ったんです。過去の山のことも含めて、もっと自分の力をわきまえた上で登った方がいい、って。でも、彼はテレビでそう言っちゃったんですよ。その言葉が独《ひと》り歩きしちゃって。何でも自分に都合のいいようにアレンジするんだ、彼は」

状況判断力は群を抜いている、と登山家の間でも評価が高い花谷さんが、山を見ないわけがないのだ。私は得心がいった。

「ブロード・ピークに登ります」

栗城さんからそう告げられたとき、花谷さんは、いいチョイスをしたな、と思った。

ブロード・ピーク（八〇四七メートル・世界十二位）は、ネパールより西、パキスタンと中国の国境に横たわるカラコルム山脈にある。

「チョ・オユーよりは難しいけど、栗城君の実力なら十分登れる山。ハンディを背負った後の復帰戦にふさわしいと思いました」

二〇一四年七月二十四日。栗城さんはブロード・ピークに登頂を果たした。

「指失ってからつらいこといっぱいあったけど……諦めなくてよかったです」

栗城さんはこのとき送信機を持って登らなかったため、頂上の映像こそなかったが、歓喜するＢＣスタッフの様子と、無線を通した栗城さんの喜びの声がインターネットで生中継された。声のみの出演とはいえ、栗城さんが視聴者と「夢の共有」を成し遂げた唯一の登頂となった。

花谷さんはそのとき、ヨーロッパのモンブラン（四八一〇メートル）に登って帰国する飛行機の中にいた。コースもちょうどパキスタン上空を飛んでいる。成田空港に到着すると、栗城さんから登頂を知らせるＬＩＮＥが届いていた。

『飛行機から見ていたよ』と返信した。

エベレスト劇場「後編」開幕

二〇一五年三月、栗城さんは、三年ぶり五回目のエベレスト挑戦を宣言する。ルートは二〇〇九年の初挑戦で登ったチベット側のメスナールートだ。九月中旬頃に登頂する計画だった。

「BCと、標高七〇〇〇メートル地点、そして栗城が撮影するカメラの計三カメで、登頂の瞬間をお伝えします」

その共有のために、栗城さんはクラウドファンディングでの出資を募った。

ところが翌四月、ネパールで大地震が発生する。

発表される死者の数は日を追うごとに増え続け、のべ九〇〇〇人近くに上った。被害は周辺のインド、バングラデシュ、中国のチベット自治区にも及び、中国政府は春のエベレスト登山の中止と、秋の入山の禁止を発表する。

そのため栗城さんはメスナールートを断念し、ネパール側から登ることを決めた。

八月二十二日にカトマンズに入った栗城さんは、翌二十三日、ネパールの観光省で記者会見を開く。この会見には政府高官（栗城さんのブログによれば、観光大臣と内務大臣）も同席している。

ネパールでは、秋になっても余震が続いていた。エベレストに入ったのは栗城隊だけだった。他の登山隊が入らなかったのは、自分たちの安全のためだけではなく、現地への配慮でもあった。

欧米のメディアは、栗城さんの遠征に批判的な論調をみせた。元記事は確認できなかったが、登山関係者のコメントを英文付きで紹介したサイトがある。

「自分の命を危険にさらすのは勝手だが、自分の野心に他の人を巻き添えにするのはフェアではない」（アメリカの登山家、アラン・アーネット氏。二〇一五年九月二十五日『ディスカバリーチャンネル』ニュースサイト。日本語訳は筆者）。

ヒマラヤの生き字引と呼ばれていた、前出のエリザベス・ホーリー氏はロイター通信の取材にこう語っている。

「こんなクレイジーな男を宣伝に使うなんて、ネパール政府は登山者をヒマラヤに呼び戻すためなら手段を選ばないのでしょうね」（二〇一五年八月二十五日）

ＣＮＮは「四千五百ドルで命を懸けてもらえませんか？」というタイトルで、栗城さんが五人の「アイスフォール・ドクター」に危険な仕事をさせていると報じた（二〇一五年八月二十八日）。この記事はＣＮＮの公式サイトで私も確認することができた。

アイスフォール（氷の滝）とは、ネパール側ルートのＢＣとＣ１の間にある危険地帯のことだ。氷河がズタズタに裂け、ビルほどもある巨大な氷の塊が登山者の行く手を阻む。点在するクレバスにはスノーブリッジ（雪の橋）がアーチ状に架かっていて、上からは見破りにくい。踏み抜けば、高い確率で死が待っている。

　登山シーズンが近くなると、選ばれたシェルパたちで構成するＮＰＯ・ＮＧＯが、氷の斜面をピッケルで削って足場を作り、雪や氷の壁にアイススクリューを打ち込んでフィックスロープを張る。跨《また》ぐことができないクレバスにはハシゴを架けて、登山者の安全を守る。この作業を担うシェルパたちは「アイスフォール・ドクター」と呼ばれ、十一月まで山で暮らし、ルート工作の報酬として一シーズンに一人四千五百ドルを受け取る。この年、彼らは栗城さん一人のためにＢＣまで上がった。

　九月十六日、栗城さんはＢＣを出発した。

　アイスフォール・ドクターが架けた真新しいハシゴを、「深いなあ、このクレバス」と言いながら渡っていく。

　登る途中、雪崩が発生した。栗城さんが慌てて駆け出す。その姿を、ＢＣからの望遠カメラがとらえていた。雪崩の後、栗城さんも自撮りのカメラに呟いた。

「崩れた……ハアハア」

　休憩時、栗城さんが額の汗を手でぬぐった。その指先は白い包帯のようなものでしっかりと固められている。

九月二十三日、栗城さんはC２（六四〇〇メートル）から無線でメッセージを発信した。「二十六日にはサミット（登頂）できるのではないか」「ぜひ一緒に頂を共有したいと思ってます」と自ら生中継の告知を行なっている。ブログにその肉声がアップされている。翌二十四日にはC３まで登り、『コンディションも、とても良いです』と綴っている。

しかし、九月二十七日、日本時間早朝五時二十一分。『下山を決断しました』とブログに発表される。

ラッセルで長い時間がかかり、『このまま進むと生きて戻ることができない』とあった。

同時刻、つまり発表して瞬時にコメントが飛び込んでいる。

《え？　もう敗退》

山頂どころか、標高七九〇六メートルのサウスコルにも届いていなかった。しかも、この間の情報がほとんどアップされなかったのだ。栗城さんのブログには、失望と批判のコメントが立て続けに書き込まれた。

《もう少し多めに情報を》

《看板倒れ》

《我々が共有したいのは、どんな装備でどんな斜面に、ハンディのある身体でどんな風に挑んでいるのかですよ》

もちろん好意的なコメントもある。

《指を切断してもまたアタックするその姿に自分も頑張らなければと思えるようになりました》

……だが、それは全体の一割か二割程度で、批判的なコメントが圧倒している。

下山を発表した八時間後、日本時間の午後一時十五分に、現地からのインターネット生中継が放送された。「仕切り直してからふたたび上がっていこうと思います」と栗城さんは宣言した。しかし、この生中継が更なる批判を招いてしまう。

ＢＣのカメラはテントの中と山の遠景を映すばかりで、栗城さんの姿がない。標高七七五〇メートル地点から無線で声の出演をするのみだ。

「計三カメで、登頂の瞬間をお伝えします」と、五千六百万円の総費用のうち二千万円以上をクラウドファンディングで集めたのに、三地点同時中継は実行されなかったのだ。

《使いたくない言葉ですが詐欺と言われても仕方ないと思いますよ》

《一口１００００円はどうなるんですか》

栗城さんは中継から三週間も経ってから、ブログでこう弁明する。

『元々、中継は栗城がエベレストの南峰（八七〇〇メートル）まで登り、プモリ中継キャンプからの見通しが確保できて初めて中継ができます』

それは出資を募るときにしておくべき話である。

この二度目のアタックには、様々な疑惑がある。

このとき栗城さんは「SPOT《スポット》」というGPSを自分に取り付けていた。この試みは、二〇一二年、日本人として初めて八〇〇〇メートル峰十四座すべてに登頂を果たした竹内洋岳《たけうちひろたか》さん（当時四十一歳）が行なったものだ。竹内さんは最後の十四座目となるダウラギリに挑戦する際、自分の到達地点をGPSで発信しながら登り、登山ファンと情報を「共有」した。

ところが栗城さんのSPOTは、なぜか電源が入ったり入らなかったりで、ネットの視聴者をイライラさせてしまうのだ。

《SPOTが動いていません！　共有させてくださーい》

栗城さんの位置情報がとんでもない場所に飛んでしまうこともあった。

《SPOTがローツェ登頂！》

《電源をONOFFしてるからスポットズレるんですよ。私もそうでしたよ〜》

十月八日、日本時間の午前二時過ぎ、栗城さんがサウスコルに到着したと、ブログで発表される。

《サ、サウスコルキター！！！　栗城界初！！！》

《重要な所が毎回OFFなので残念です》

GPSがまともに表示されないため、視聴者の一人が栗城さんのそれまでの足取りを分析してコメントを上げた。

《サウスコルまでの高度差１５０ｍ程をたった１時間で登り切ったｗ　それまで、高度差１６０ｍを３時間掛けて登って来たのに…》

酸素が薄くなり、傾斜も増しているのに、栗城さんは速度を三倍に上げている。

深夜だったにもかかわらず、ファンもアンチも、ついたり消えたりするＳＰＯＴの行方をリアルタイムで見つめていた。

午前七時四十四分、『下山します』のタイトルがブログに上がると――。

《出資した私が馬鹿でした》

《イカサマ。モヤモヤ感半端ない》

《カナヅチがドーバー海峡横断したいと言ってるようにしか見えない》

《強風と深い雪が撤退の理由だと、やはりこの時季のエベレストは何度やっても無理なのではないでしょうか？　すみません素朴な疑問です》

《ＢＣから栗城が電話（100,000円）ＢＣからあなただけに生中継（1,500,000円）今から買えますか？》

下山中にも不思議なことが起こった。

《何事もなくＳＰＯＴ更新されてますね。驚くことに凄まじいスピードで下山中ですか…》

登頂アタックからわずか二十七時間で、ＳＰＯＴ上の栗城さんはＢＣに到着する。

《ターミネーターか何かですか？》

《暗い中、アイスフォールを突破なされたのですか!?》
不可解な状況から、栗城ウォッチャーたちは確信したようだ……。
《影武者シェルパが持ってるんだからそりゃ早いよ》
《さすがにもうちょっと辻褄合わせようよ》
《栗城さん、登ってない疑惑が出てますよ。批判する皆をギャフンと言わせる証拠を見せてやってください》

ＢＣ到着の三日後、ブログにアタック時の動画が公開された。

しかし映像は五分程度の短いものだった。「風と雪でたぶんこれ以上誰も行かないと思います」と栗城さんは語っていた。自身のエベレスト挑戦では過去最高となる標高八一五〇メートル地点まで登ったと発表されていたが、周囲は暗く、映像は栗城さんのアップばかりで、場所がわかるカットがない。夜間モードで撮ればもう少し周囲の状況も映るはずなのだが、それもしていない。順応登山の段階では夜間モードで撮ったカットもあるのにだ。

ＢＣに到着したときの帽子が、出発時に被っていたものと違う……そんな指摘がネットに上がっていた。私はこの書き込みを読むまで気づかなかった。再度動画を確認してみると、同系色だが確かに違う帽子である。「ＢＣ到着の映像は、後日撮ったやらせでは？」という疑問の声がネットに広がった。

これらが公開された後、栗城さんのブログは更に炎上する……。

《目がさめました、信者卒業》

《返金です。レストランと同じですよ》

《昔のまっすぐな栗城くんを応援したくて久しぶりにあなたの様子を伺いました。けれどもなんだか残念》

《夢教育映画学校で無料上映って…お願いだから教育には関わらないでください》

《何が一番悔しいかって…最後にこんな『大炎上の共有』が待っていたなんてね》

私は当初、公式ブログにこんなにも批判の言葉が溢れていることに驚いた。だが、読み進めるうちに理由がわかった。

《運営の方、コメント消すのやめませんか？》

《批判ではなく一意見です》

《逆効果だよ》

コメントには到着順に番号が付く。その番号が飛んでいた、つまりコメントを削除された人たちが怒りの声を上げたのだ。

《もしも運営側がこの批判や苦言を削除したのなら私の関連会社全てのスポンサーの撤退を考えます》

本当に栗城さんのスポンサー筋が発信したかどうかは疑わしいが、こんな声まで寄せられたらブログの運営者は降参せざるをえない。

《あれ？　削除されたものが、いつの間にか復活していますね》

栗城さんのブログは人気タレントに交じって「ＬＩＮＥブログ」のランキング七位まで上昇する。

《栗城さん側から出される情報よりも、このコメント欄のほうが、日本で見守ってきた人たちの「冒険の共有」を支えたと思います》

栗城さんが公開した短い動画のラストは、下山後、ＢＣのテントに無言で佇む栗城さんの横顔だった。私はその表情にハッとした。

わずかに唇を噛むような動きはあるが、口惜しさとか落胆といった感情の起伏がまるでない。何とも虚無的な、私が見たことのない表情だった。

炎上したブログで目にしたあるコメントが、私の脳裏に蘇った。

《あなた山に登るの、好きですか？》

ルート・ショッピング？

『「否定という壁」への挑戦』

栗城さんは翌二〇一六年もエベレスト行きを宣言し、前年同様クラウドファンディングでの出資を募っている。そのサイトの冒頭に掲げられていたのが、この言葉だった。

「僕の本当の夢は『否定という壁』をなくして応援し合う世界に少しでも近づくことです」

　かつてのマッキンリー挑戦を「お前には無理だよ」と周囲の人に「否定」された、とも綴っている。私はそれを残念に思った。栗城さんは前回の挑戦でブログが炎上したことを、自分が否定されたとしか受け取らなかったようだが、彼を叱咤するコメントの中には発信者の温かさを感じさせるものがいくつもあった。

《もう若くはないが老いてもいない》

《前に進む事より貴方はまず、周りを見ながら人の言葉に耳を傾けたほうがいいですよ》

《これからは人生という山を、堅実に、一歩一歩登って行って下さい。その人生を、ネットなんかじゃなくて、本当に大切な人と共有してください》

　こうしたコメントに込められた思いを汲んでほしかったが、「否定の壁を越える」は「ＮＯ ＬＩＭＩＴ」同様、栗城さんのキャッチフレーズとなっていく。

　遠征費用五千二百万円のうち約二千万円がクラウドファンディングで集まった。

　栗城さん自身「資金的な問題から、事務所のスタッフからも中止を提案された」と告白した六回目のエベレスト挑戦だった。

　だが、登山の内容はやはり芳しくなかった。

　栗城さんは、チベット側のグレート・クーロワールを「基部から」登ると発表した。

一九八四年にオーストラリア隊の二人が無酸素で登頂したルートだが、雪崩の危険性が極めて高く、以後、登頂者は途絶えていた。

栗城さんはこの遠征で動画の公開を頻繁に行なっている。前回「共有できない」と散々批判されたのが身に応《こた》えたのだろう。しかし、その内容が冴えない。

「今日は中継の予定だったんですけど、技術的な諸事情で、収録でお送りします。体調不良で一名が帰ってしまい……」

九月二十七日、栗城さんはＡＢＣから苦笑しながら伝えていた。高所の経験が乏しいスタッフがいて、遠征はトラブル続きだったのだ。しかもこの動画は携帯電話で撮られた低画質のものだった。

登山中は、自撮りのカメラにしきりに訴えていた。

「今回苦戦してるのは、雪の中にあるブルーアイスです。これが一番危ないなと思っています」

氷の壁を嫌った栗城さんは、ルートの変更を発表する。二〇一二年に凍傷を負った西稜ルートを登り、その上部にあるホーンバイン・クーロワール（チベット側北壁の標高八〇〇〇から八五〇〇メートル付近まで走る岩溝）に転じると告げたのだ。「偵察したところ、ホーンバイン・クーロワールにはしっかり積雪があって登りやすそうだ」と理由を説明した。

ネット民はどう受け取ったのか、ブログのコメント欄を覗いてみた。ところが批判はわずかだった。削除されたのではない。関心を持つ人がそもそも少なかったのだ。前回はコメント数が多い日は六百近くもあったが、六回目のこの遠征では七十八が最多。ファン離れは明らかだった。

十月五日にC1を出て、C3（六八〇〇メートル）まで登った栗城さんは、翌六日、BCに無線で伝える。

「今日の夜八時から、最後のアタックが始まります」

標高差は過去最大、二〇〇〇メートル以上ある。栗城さんは寝袋も持たない軽装備で夜通し登り続けたが、標高七四〇〇メートル地点で下山を決めた。予定されていた生中継も中止となった。

六回目のエベレスト劇場は、低調なまま幕を下ろした。

栗城さんはずっと、秋のエベレストにこだわってきた。登山者が少なく、単独行らしい映像が撮れるからだ。しかし、秋は雪が腰まであってラッセルが厳しい。下山後、栗城さんは「登山時期の変更を考えています」とブログに書く。

「地球規模の気象の変化で、秋は登れる気候ではなくなった。次に向かうとするならば、一番雪の少ない、冬季、です」

なぜ雪が少ないのかといえば、それを吹き飛ばすほどの暴風が吹き荒れるからだ。本心なのか苦し紛れなのか、栗城さんは最も過酷な季節での挑戦まで口にした。

実際に選んだのは、さすがに厳冬期ではなかった。

翌二〇一七年五月。栗城さんの七回目の挑戦は、初めて春に行なわれた。

「北壁なら登山者の数が少ない」と、半年前と同じチベット側からの挑戦を表明した。

さすがにもうクラウドファンディングは利用できなかった。遠征前、栗城さんはフェイスブック会員限定サイト「チーム栗城」の年会費を、六千五百円から一万二千円に値上げしたい、とメッセージを発信している（その後、すぐに撤回する）。遠征に同行した日本人スタッフは二人だけという、ローコストな「栗城隊」だった。

栗城さんは八年ぶりにノースコルに登った。しかし五月六日のブログにこんな言葉が登場する。

『北壁のルートでかなり気になる部分を発見。青く黒く光る長い氷の道』

そして十一日のブログには、

『新しいルートを申請しています。果たしてどのルートになるか。当たった方にはアイスをプレゼント！』

アイスが当たった人はいなかったはずだ。五月十七日、ブログが更新された。

『今日、ネパール側のゴラクシェプ（五一六四メートル）に着きました』

ネパール側BCの下にある村だ。栗城さんはチベットから、なんと国境を越えてネパールに移動したのだ。村内のロッジをＢＣとして、二〇一二年に挑戦した西稜を登ると発表した。チベット側を断念したのは「ブルーアイスが露出していて、指を失った自分には無理と判断した」からだと言う。ブログに書いた『青く黒く光る長い氷の道』である。

しかしそもそもチベット側を選んだのは、ＡＢＣが標高六四〇〇メートルにあって頂上までの標高差が小さいからだと、彼自身が説明していたのだ。それなのに国境を越え、順応スケジュールも台無しにして、わざわざ低い場所に移動した。しかも急な変更だったため、準備が間に合わなかったのだろう、通常のＢＣまで上がれず、苦肉の策としてロッジ宿泊となった。

エベレスト劇場を面白くするためにルートを変更した、とはさすがにもう思えない。支離滅裂である。

「ルート・ショッピング」

栗城さんのこのときの行動を、そう表現したサイトもあった。

「登頂予定は、二十三日です」

五月二十一日からは好天周期に入り、登頂ラッシュが見込まれていた。

実際にスペインのトレイルランナー、キリアン・ジョルネさん（二十九歳）が信じられない記録を樹立する。

チベット側の標高五一〇〇メートル地点に設置したＢＣを、五月二十日の夜十時に出発。エベレストの北面を駆け上り、頂上を踏むと、五月二十二日の正午ごろＡＢＣ（六四〇〇メートル）に下りてきた。走破に要した時間は、わずか三十八時間だ。しかも彼は、このとき胃腸の不調で本来の走りができなかったとして、ＡＢＣ到着の五日後に再挑戦する。今度はＡＢＣと山頂の間を、二十八時間三十分で往復した。酸素ボンベも固定ロープも使わず、一週間のうちに二度もエベレストに登頂したのである。

一方の栗城さんは、十九日にＣ１（六〇〇〇メートル）、二十日にＣ２（六四〇〇メートル）に登るが、「強風の予報」や「西稜に登るタイミングを考えて」三泊。二十三日はＣ３の手前、七二〇〇メートル地点まで登ったものの「吐き気を感じる」とロッジまで下りてしまう。

「今日から再び上がっていきます」

五月二十七日、栗城さんはロッジを発った。

「三十一日天気がいいということなんで、そこ目指して頑張りますよ。冒険の共有できるように頑張っていきますんで、フフフ」

周囲は村だ。雪も少ない。世界最高峰への挑戦という緊張感はまるでなく、ピクニックに出かけるような長閑《のどか》な映像だった。

五月二十九日、標高六七五〇メートルまで登った時点で、栗城さんは登頂を断念する。

同日、生中継が行なわれた。

映っているのはＢＣのテントの中にある無線のスピーカーだった。Ｃ２にいる栗城さんが語る、敗戦の弁が流れている。

　私は玉音《ぎょくおん》放送を連想してしまった。終戦をテーマにしたドラマで、主人公の家に置かれたラジオから玉音放送が流れる場面がたびたび描かれるが、その構図とそっくりだったからだ。

「みなさんこんばんは。今、日本時間夕方五時四十分になったところです。栗城の声、届いてますでしょうか？　本来であれば明日登頂して……」

　栗城さんは登頂を断念したこと、そして自身のカメラを含めた三カメ中継ができないことを謝罪した。

　彼の姿も、それまでの登山の様子を撮影した映像のインサートもない。三十三分ほどの中継のうち、二十分過ぎまでスピーカーが延々と映される。

「ベンガル湾からのサイクロンが近づいてきていて、その影響もあって……」と、気象状況が当初の予報から一変したと弁明する。

「多くの人たちは登ったたって思うかもしれませんが……本当に、ええ……死ぬんだな、というふうに……本当にささいなことで、ええ、本当にヒマラヤでは人は死んでしまうんで……ボクもそうなりかけたことがありますんで、ええ……この風と、それから視界、雪の中で……一人で、ホーンバイン・クーロワールに入っていき、そして帰って来れる、ちゃんと無事に帰って来れる……正直自信がありません」

　その後、栗城さんは「今回頑張ったのは栗城だけじゃないんです……」と声を詰まらせ、スタッフや協力者の名前を一人一人挙げて礼を述べた。二十分以上過ぎてから「何も見えませんか、そちら?」と栗城さんが呼びかけて、カメラはようやくテントの外に向けられる。

このときのカメラマンとのやり取りからBCの状況を知った栗城さんは、「今までずっとテントだったの?」と驚きの声を上げる。

「風が強いため、スピーカーから離れられないでいました」とスタッフが説明すると、栗城さんは「ああ了解です。この景色を皆さんと共有できたらと思います、どうぞ……」。

外はガスがかかっていて、共有できた景色は隣のテントとわずかな山肌だった。

「本当はこの三十、三十一日、天気がいいとこだったんですが……ベンガル湾のサイクロンさんやってくれましたねえ、って感じです」

栗城さんが十年にわたって熱弁をふるった「夢の共有」の最後となった。

脳神経外科医の見解

それにしても、栗城さんはなぜこうも元気がなくなってしまったのか?

彼が眩しいほど輝いていたころを知っている私には、その敗《ま》けっぷりの悪さがどうにも解せなかった。指を失った影響は大きいだろうが、八〇〇〇メートル峰のブロード・ピークには登頂しているのだ。

　脳神経外科医の越前《えちぜん》谷《や》幸平《こうへい》さんに話を聞こうと思ったのは、デス・ゾーンに年に二回のペースでほぼ十年にわたって通い続けたことが、栗城さんの体にどのような影響を及ぼしたのか、確認しておきたいと考えたからだった。

「高度順応とは、主に脳が順応することを指します。心臓など他の臓器に比べて、脳は特に低酸素に弱いんです。たとえば上空七〇〇〇から八〇〇〇メートルで飛行機がトラブルを起こしたとして、もし酸素マスクが下りてこなければ、人は三分ほどで意識を失い、ほどなく死の危険が発生します。その高さで登山者が死なないのは、下からゆっくりと時間をかけて体を慣らしながら登っているからです」

　小樽で「越前谷脳神経クリニック」を開業する越前谷さんは一九四七年生まれ。日本ヒマラヤ協会の顧問、大内倫文さんの北海道大学での同期生で山岳部に所属していた。

　一九八二年、北大山岳部員とＯＢから成る登山隊が、厳冬期のダウラギリに初めて登頂を果たす。当時三十四歳だった越前谷さんは、記念すべきこの登山隊で副隊長兼ドクターを務めている。高所では体力のみならず消化能力が落ちる。越前谷さんは、隊員たちが水分と栄養をコンスタントに摂取できるよう、当時の「宇宙食」と同じものをＢＣに持ち込んだという。

「普通の人が安全に順応できるのはせいぜい七〇〇〇メートルまでで、そこから上は限られた人だけが到達できる特別な世界だと思います。無酸素でエベレストに登るには、八〇〇〇メートル、サウスコルの標高に順応しておくことがどうしても必要です。誰もが追い求められるものではありません」

選ばれし登山家だけがたどり着ける領域……。メスナー氏は山岳雑誌のインタビューで「私の一族には特別なＤＮＡがある」と語っている。栗城さんにその特別なものはあったのだろうか？

「ボクは普通の人よりSpO_2の値が良いのです」

栗城さんはメディアの取材に対して、高度順応力をアピールしたことがあった。だが、児玉毅さんは「ダウラギリで測ったら、ボクの方が良かった」と話す。

越前谷さんは、こうも指摘する。

「三十歳ごろになると、高度順応力が低下していくのは避けられないと思います」

栗城さんが三十歳になったのは二〇一二年、凍傷を負った年だ。その後、再起を誓ってトレーニングを積み、ヒマラヤにカムバックを果たしたが、頼みの高度順応力は下降線をたどっていたと考えられる。

一九八二年のダウラギリ遠征で、越前谷さんはもう一人の医学部ＯＢ隊員と、高所での脳波測定を試みた。二十キロもある脳波計をシェルパに運んでもらい、標高が脳に与える影響を調べようと意気込んでいた。「ところが……」と越前谷さんは苦笑する。

「結果的に成果は得られませんでした。脳波計のアースが取れなかったんです。氷河の厚さが百メートル以上もあったのが誤算でした」

かつては、たとえば十九世紀末に北極を探検したノルウェーのフリチョフ・ナンセン氏（一八六一〜一九三〇年）をはじめ、科学者が登山家や探検家になることが多かった。未知なる極地は彼らの知的探究心を掻《か》きたてたのだ。

時代は変わり、エンターテイナーが登山家となって山を劇場にした。私は勢いで、栗城さんを登山家として率直にどう思うか、越前谷さんに尋ねてみた。

「私は栗城さんを否定する気はありません。ただ、彼の不幸はお一人で登っていたことだと思います。登山の技術やセンスは、山岳部や地元の山岳会で、先輩や仲間と一緒に経験を積みながら身につくものです。技術面だけではなく、単独無酸素という言葉にしても、『お前、そういう言い方はしない方がいいぞ』とたしなめる人がいたら違っていたのではないでしょうか？」

越前谷さんの言葉は知的であると同時に、山を愛する人の温もりを感じさせた。越前谷さんの話を聞きながら、私は初めて栗城さんの「ビジネスの失敗」に思い至った。

彼が営業すべき対象は、スポンサーだけではなかったのだ。

栗城さんは、山という舞台を自己実現のために借りた。ならば登山界は、彼にとって舞台を提供してくださる「お得意様」でもあったはずだ。彼にはその意識が完全に欠落していたように思う。

栗城さんの人懐っこい笑顔は登山関係者にも向けられるべきだった。そうすれば彼は、エベレスト劇場を、もっと演じやすかったはずだ。また、出来上がる作品も、より奥深いものになっていたと思われる。

二〇一八年三月。

花谷泰広さんは、栗城さんとの四年に及ぶつきあいの中で初めて、エベレストの話題を口にする。出国前の最後の調整となった八ヶ岳の山小屋で、熱を込めて彼に語った。

「ノーマルルートで行け」

第十一幕

彼自身の「見えない山」

栗城さんを死に追いやったのは「私」？

栗城さんが演じた「エベレスト劇場・最終幕」を検証する前に、確認しておきたいことがある。

一つは、栗城さんがなぜこれほどまでにメディアの注目を集めたのか。言い換えれば、なぜ私たちは彼に拍手を送り、あるいは罵声を浴びせたか……ということだ。

そしてもう一つ。栗城さん自身は山を下りた後、どんな人生を歩もうとしていたのか？

栗城さんを取材する過程で、私は登山というジャンルのある「特殊性」に気づいた。

たとえば陸上競技の短距離走で「世界最速」と言えば、誰もが、ジャマイカのウサイン・ボルト選手を思い浮かべるはずだ。しかし「最初に百メートルで九秒台を記録した選手は？」と聞かれて名前が出てくる人は、よほどのマニアだろう。どのスポーツでも記録は上書きされ、「新記録」を樹立した選手に喝采が贈られる。

だが、登山は違う。

山の頂に「初めて」立った人物が、永遠に色褪せない最高の栄誉を手にするのだ。その後は「厳冬期に初めて」とか「難しい○△ルートで」といった条件付きの栄光になる。

《そんなのイヤだ！　面白くない！　誰もやってないことがあるはずだ！》

その答えとして、栗城さんは山を劇場にすることを思いついた。極地を映した目新しい映像と「七大陸最高峰の単独無酸素登頂」という言葉のマジックで、スポンサーを獲得していく。登山用具の進歩が一流の技術を持たない小さな登山家をエベレストの舞台に立たせ、テクノロジーの革新が遠く離れた観客と彼とをつなげた。

しかし、ヒマラヤの舞台で喝采を浴びるヒーローが他にも現れた。

スペインのキリアン・ジョルネさんが一週間に二度もエベレストに駆け上がったことは先述

したが、二〇一九年にはイギリスの外国人部隊「グルカ」の兵士だったネパール人、ニルマル・プルジャさん（三十六歳）が大記録を達成する。

シェルパと酸素ボンベの助けを借りてではあるが、春の一カ月間でエベレストを含む六つの八〇〇〇メートル峰に次々と登頂し、秋には残る八座の頂も踏んだ。プルジャさんはわずか百八十九日間で十四座完登を成し遂げ、それまで八年弱だった最短記録を大幅に更新したのである。

彼らのような「すごさ」は、栗城さんにはない。

それなのになぜメディアは、栗城さんをこんなにも取り上げてきたのか？

ＮＨＫで栗城さんを描き続けたのは、札幌放送局にも在籍していたＴディレクターである。栗城さんが凍傷を負った二〇一二年の登山も、指を失った後の二〇一五年の挑戦も、そして滑落死した二〇一八年の最後の登山も番組にした。制作する方もつらかったはずだ。私はその思いを聞きたくて、ＮＨＫの広報を通して取材を依頼したが、ご本人から色よい返事はもらえなかった。

栗城さんを「ニートのアルピニスト」と呼んだ日本テレビの土屋敏男さんにも取材を申し込んだ。

「栗城については事務所の小林さんのご紹介のみ発信したいと考えています」と丁重なメール

が届いた。

土屋さんは二〇一八年十一月、栗城さんの追悼の意味も込めたイベント「NO LIMIT & NO BORDERS！ ～冒険だけが人生だ～」でパネラーを務めている。察するに、栗城さんへのスタンスは「ニートのアルピニスト」からいささかもぶれていないようだ。

「登れ！ 撮れ！ 人々に夢と勇気を！」

栗城史多という「素材」のレシピはこれしかない、と確信しているように見える。


人を番組に描くことが、その人の人生を変えてしまうことがある。先述した「ヤンキー先生」の変遷に、私もそれを実感した。しかし、栗城さんの足跡を辿りながら私の中に募ってきたのは、彼を「変えようともしなかった」ことへの苦い後悔だった。結局私は、彼と本気では向き合っていなかった……そんな気がする。

彼と関わった他の制作者はどうなのだろう？

制作者は誰も、カメラを向ける相手と友好関係を築きたい。ましてや栗城さんの番組は、彼から映像提供を受けなければ制作できないという特殊な事情もある。

私たちは無意識のうちに、彼を謳い上げる前提で番組を作ろうとしていなかったか？ 私たちと彼との関係は馴れ合いではなかったか？ 私たちは彼に文句を言ったか？ 私たちは彼という人間を愛したか？

……私は栗城さんを描いた他の制作者たちと、そんなことを話したかったのだ。

栗城さんはＹａｈｏｏ！に生中継の企画を持ち込む際、ＮＨＫのＴディレクターが二〇〇七年に自身を描いた番組のＤＶＤを持参してプレゼンをしたという。当時を知る和田忠久教授がそう話していた。

メディアは当初、彼に群がった。しかし潮目が変わると、彼の前から去っていった。ほとんどの制作者が彼と一過性の関係で終わった。私もそれに近い。一人の人物を旬のときだけ持ち上げるのはメディアの性《さが》だ。本当は輝きを失った人物にこそ多くの教訓が潜んでいるはずなのだが、こうした取材は非効率的だ。制作には根気を要し、時には苦痛も伴う。

私たちは栗城史多の本当の姿を伝えようとしただろうか？

栗城さんの「夢の共有」の原動力の一つとなったのは、一九八八年の日本テレビのエベレスト生中継だった。この中継を企画し、ＢＣで総指揮を取ったディレクター、岩下莞爾《かんじ》さん（一九九三年死去）は、後進たちにこんな至言を遺している。

あるがままに撮ろう
あるがままに語ろう
在るものはあると言おう
無いものはないと言おう

無いものを在ると言ってはいけない
在るものを無いと言ってはいけない
もう一度
あるがままに伝えよう

岩下さんの言葉を、反省と自戒を込めて胸に刻みたい。

メディアは近年とみにその傾向が強まっているが、右に倣《なら》う。メディアと総称してしまうと、中にいる作り手の顔が見えなくなってしまう。「栗城史多」という神輿を担いだすべての記者とディレクターに、僭越ながら私は呼びかけたい。

一人称で彼を語ろう……と。結果的にはそれがメディア全体の信頼につながると思うのだ。

——私は当初、「単独無酸素」の矛盾に気づかなかった。

——私は、「裏取り」という取材の基本も忘れていた。

——私は、映像の面白みと「夢」という心地よい言葉に乗っかって、タレントのように彼を描いた。

——私は、彼の死によって再認識した。……人間を安易に謳い上げるのは危険なことだ。その人間が「生死に関わる挑戦」を行なっている場合はなおさらだ……と。

——栗城さんを死に追いやったのは……私かもしれない。

「栗城君はビジネスマンではない」

北海道で大きな注目を集める若手経営者がいる。「グラフィックホールディングス」社長、山本壮一《やまもとそういち》さんだ。札幌国際大学卒業で、栗城さんの三年先輩にあたる。

山本さんは在学中の二〇〇三年、デザインとアパレルの会社を起こした。その後、外国人観光客のインバウンドを見込んだビュッフェスタイルの飲食店を展開。美容、不動産、福祉などの分野にも進出し、現在十種類の事業を手掛けている。二〇一八年には中国に日本式の温浴施設をオープンさせた。

二〇〇四年、山本さんは和田忠久教授の紹介で栗城さんに会った。

「私が経営していた居酒屋を訪ねてきました。彼がマッキンリーに登った後です。講演会をしたいからポスターとチラシを作ってほしい、と依頼を受けたんですが、予算が全然合わなくて。結局、無償で作ってあげることにしました」

栗城さんと親交を深めた山本さんは、やがて彼のホームページをデザインするようになる。ロゴの入ったＴシャツやタオルなど公式グッズの制作も手掛けた。

「ボクの方も世話になりました。彼のおかげで東京に支社を出せたんです」

山本さんは栗城さんの紹介で、Ｙａｈｏｏ！からサイトのデザインの仕事を受注した。

和田教授は栗城さんに商才を感じていたが、ビジネスの最前線に身を置く山本さんの見方は少し違う。

「私見ですけど、彼は純粋な少年ですね。思いを共感してもらうことが得意なだけで、ビジネスマンでは全然ないです。私腹を肥やすために中継をやってるわけじゃないし、そのことが相手にもちゃんと伝わるからスポンサーとしてついてくれるわけで。実際、お金だって彼自身はそんなに持っていなかったと思いますよ」

栗城さんの事務所と住居を兼ねた部屋は、東京・銀座のとあるビルの中にあった。十一階と最上階の十二階が内階段でつながったメゾネットタイプで、玄関のある十一階まで一階から専用エレベーターで上がれる。二〇一〇年完成と築浅で、家賃はひと月、三十六万円から三十八万円。不動産業者によれば、常時空き待ちの人気物件だという。

ネット上に、こんな声が上がっていた。

『庶民とは全く接しない快適な環境…（中略）栗城社長に聞きたい。生放送中継の為に皆さんから集めた２５００万円の行方は？』

しかし、山本さんは栗城さんを擁護する。

「普通の登山家と比べれば贅沢に映るのかもしれませんけど、おつきあいしている人たちもそれなりの人たちですし、代理店とかお客さんを迎えて、これをやったらどれだけの効果がある、ってプレゼンするときに、ボロボロの１ＬＤＫで話すわけにもいかないでしょう？　あちこちの企業を回ったりする利便性も考えれば、家賃が高すぎるとは思いません」

　栗城さんが山に登り続けたのはある意味、当然だ、と山本さんは言う。

「ボクだって家でゲームでもしてるのが楽だけど、いろんな人と仕事の約束をしたり、若い社員の将来を預かったり、そういうのが五年、十年、十五年と積み重なってきて、それがもう人生になっちゃってますから。会社畳んだら、たぶん自分の人生を捨てたような気がすると思います。ボクですらそういう感覚になってるんだから、栗城君なんてもっとじゃないですかね」

　人生と同義になった「夢の共有」を、栗城さんが捨てられるわけはない……山本さんはそう考えていた。


　当初は山本さん自身が栗城さんのホームページの制作担当だったが、会社の成長と共に多忙となったため、東京オフィスの社員にその仕事を引き継いだ。水野陽介さんだ。現在は「グラフィックホールディングス」の札幌本社で常勤監査役を務めている。

「栗城君は『こういうことできないですか？』ってアイデアをポンポン投げてくるんですよ。『エベレストのマップ上で自分の位置をリアルタイムで追っかけられないか？』とか。あの熱量には参りましたね。クリエイターとか表現者というより、堀江（貴文）さんとかに近いんじゃないですかね？　夢やイメージをとりあえず口にして、しかも自分で動き出しちゃう。だから迷惑な存在ですよ、こっちも関わり続けるしかないんですから」

栗城さんは指を失った後の方がむしろ悲壮感がなかった、と水野さんは振り返る。

「凍傷になったときの登山は、行く前、スポンサーが集まらなくて大変で、彼、ナーバスになっていましたから……。手術した後の方が、ボクは落ち着いた印象を受けました。内心、不安はあったんでしょうけど、それを見せたら負けだと思ってたんじゃないですかね。『すべてに感謝』とか『ありがとう』なんて、指失くした人間が言うわけないんですけど、でもそう言い張る。指がなくて悲しい自分なんていないって、すべてを無理矢理ポジティブな方向に持っていくんでしょうね。エベレストだって同じだと思いますよ。ボクの知る栗城君は、登れないと思ったことはないんじゃないですかね、ただの一度も。栗城史多はそういう人だと、ボクは思っています。できない、っていう想像を一切しない人です」

うーん、と私は心の中で唸った。栗城さんのエベレスト登山を振り返ると、彼自身、登頂できると思っていたようには見受けられないからだ。だが、指を失う前後に彼と何度も会っていた水野さんの言葉は尊重せざるをえない。

《栗城さんが本当に登れると思っていたとするなら》

……私はその続きを口にした。

「おめでたい人ですね」

「そうなんです！　彼、おめでたいんです！」

我が意を得たり、といった笑みを水野さんが見せたので、私は拍子抜けしてしまった。

「そのおめでたい人を、なぜかみんなが支えてしまうんですよ。そこが彼の最大の魅力というか、最大の恐ろしいところというか」

指を失くした後の方が悲壮感はなかった、と語った水野さんだが、一つだけ栗城さんの変化が気になったそうだ。それは、マネージャーだった小林幸子さんへの態度だった。

「時々カッとなって……。彼のストレスを一番まともに受けてたのは、小林さんじゃないですかね？　あれはボクの理解の領域を完全に超えてます。なんだろう？　あそこまで仕事として尽くせるものかなあ？　……トイレの介助までしてましたから……栗城君、亭主関白じゃないですけど、おい、頼む、みたいな……最初はお互い葛藤があったんでしょうけど……。たぶん一番信頼できる、一番甘えられる相手が、小林さんだったんでしょうね」

栗城さんには交際する女性がいた。私は複数の関係者からそう聞いている。その交際相手は、小林さんではない。一方で小林さんは、恋人でも家族でもない栗城さんの排泄介助までしていた……社長と社員という表面的な関係性でもないと思われる。

山本壮一さんは小林さんの心情をこう推し量る。

「栗城君を尊敬してなきゃ、できないと思いますよ。小林さんは若いころ、自分の心に素直になれずに、やりたいことを我慢して生きてきたそうです。栗城君の講演を聞いて感じるものがあって、スタッフになることを志願したって聞いています。そんなふうに『すごいな、面白いな』って思っていた人なのに、いろんなことができなくなっていく、自分のイメージと離れていく、でも自分が助けなきゃどうしようもない……複雑な心境だったと思いますよ」

山を下りた後の人生

栗城さんの人生を考える手掛かりとして、私は数えきれないほどのブログを読みあさった。彼自身のブログよりもむしろ、彼のことをブログに書く側の心情に関心があった。

実に様々な人たちが栗城さんを語り、一緒に撮った写真をアップしていた。経営者、スポーツ選手、芸能人、学者、そしてファンの人たち……。「ハンター」を自称するアンチの人のブログも読んだ。

ニューヨークに住む大森千寿《ちず》さんという女性は、『絶対にあきらめないことを共有させてもらっていました』と綴っていた。栗城さんが亡くなった日のブログである。ブログに記載してある大森さんのアドレスにメールを送ったところ、半日後に長文の返信が届いた。

大森さんは二〇〇〇年にニューヨークに渡り、アートセラピーの世界と出会う。「本来の自分とつながるきっかけを得た」と感じた大森さんは、自身も陶芸を始め、マンハッタンのギャラリーやカフェで作品を発表するようになった。

二〇〇三年にはアメリカ人のアーティストと結婚し、陶芸のスタジオも構えるが、翌年、悩んだ末に日本に帰国する。大森さんは郷里の香川県で、夫と共に土粘土などのアートを取り入れた幼児教育の教室を開いた。栗城さんの講演を初めて聞いたのは、教室を始めて八年目に入った二〇一二年一月のことだった。

『身体も大きくなく淡々としていて優しい感じの栗城さんがとてつもなく大きな夢、エベレストに挑んでいるという事実。栗城さんご本人を前にして、お話を聴いて、私の人生に再び、光が灯りました。その後、私も夢を諦めないと決めて、夫とニューヨークに戻り頑張っています。本当に一歩を越えて行く勇気をいただきました』

大森さんも、栗城さんの登山に様々な批判があることは知っている。だが『登頂が重要だったわけではなく、その過程に自分は励まされていた』という。

『批判されようがなんだろうが自分を貫き、一枚の作品に人生をかけていく。その創り上げていくプロセスが自分たち夫婦と重なりあい、共感していたところもあるのかなって思います。彼は間違いなく私の心に生き続けているし、彼のおかげで私は競争の激しいニューヨークで諦めずにやっていく覚悟を持てていけるのだとも思います』

栗城さんに力をもらった「見えない山の登山者」がいたことは間違いない。

だが、どんな山だろうといつかは下りるときが来る。

栗城さん自身は「山を下りた後の人生」をどう考えていたのだろう？　言い換えれば、彼自身の「見えない山」はどんな山だったのか？

ふと思い立って、彼の事務所「株式会社たお」の商業登記簿を確認してみた。これはインターネットで誰でも調べることができる。商取引の安全のためだ。自分が取引を行なおうとしているのはどんな会社なのか？　本当に実在するのかも含めて知ることができる。検索料は一件につき五百円程度だ。

会社設立は「平成十九年（二〇〇七年）八月二十九日」。

事業の『目的』の欄には、十九の内容が記載されている。

「1.　登山及び野外活動全般に関する催事の企画、運営」に始まる。

それ以下の号は要約（一部意味が重複する箇所は、省略）して記す。

「人材育成及び能力開発のためのコンサルティング業務」

「ダイエット、健康に関する指導及び教育」

「ヨガ教室、アロマテラピーサロンの経営」

「農産物、海産物の販売」

「スノーボード・スキースクールの経営」

「イベント、セミナーの企画制作」

「健康食品、栄養補助食品の研究開発、製造販売」
「各種漢方薬の輸入販売」
「衣類・衣料雑貨の製造、輸出入」
「各メディア・番組制作のための企画・取材・撮影・コーディネイト」
「広報業務（戦略立案、各種イベントの企画・セッティング）の代行及びコンサルティング」
「広告代理業」
「ウェブサイトの企画制作運営」
「経営コンサルタント業」……

何を想定しているのかわからないが「労働者派遣事業法に基づく人材派遣業」という記載まであった。

栗城さんが「エベレスト後」の人生に思いを巡らせていたことがうかがえる。

栗城さんがソフトバンクグループ社長の孫正義氏と交流があったことは和田忠久教授など複数から聞いていたが、孫氏が師と仰ぐ経営学者、野田一夫氏の九十歳を祝うパーティーにも、栗城さんはビデオメッセージを寄せていた。臨席した経営者のブログで、私はそれを知った。このパーティーでは俳優の石田純一氏が司会を務め、元首相の小泉純一郎氏が乾杯の音頭を取っている。

和田忠久教授に、栗城さんははっきりと言ったそうだ。

「第二の人生は、ビジネスをやりたい」

二〇一七年、彼が七度目のエベレストに向かう前だった。栗城さんの事務所からもほど近い新橋のホテルで会った。

「ビジネスの中身までは言わなかったけど、ボクは大歓迎でしたよ。一緒にやりたいこともあったし……。さすがに本人だって、もうエベレストには登れない、って自覚してたはずですよ、間違いなく。ただ、山で売り出したからには山で決着をつけないと、次には行けない。それで、本人は嫌がるんだけど、単独無酸素の看板下ろして酸素を吸って登れよ、って。残念ながらエベレストは無酸素ではありませんが七大陸の最高峰すべてに登頂を果たしました、って丸く収めちゃえ……ボクは何度もそう言い続けた」

二〇〇八年秋、マナスルのBCのテントの中で、栗城さんはスタッフにこう語っている。

「面白くないよ！　酸素吸ったら登れるのはわかりきってんだから」

このときの映像はテレビやネットで公開されていないが、栗城さんはちょっと不敵な笑みを浮かべていた。彼のこのスタンスは変わることはなかったようだ。

「栗城の限界でもあったね。ストーリーにこだわりたいんだ。そこは頑固だった……」

和田教授はマレーシアの大学で教える傍ら、現地にあるイギリスのコンサルタント会社の顧問を務めている。その関係で日本にしばしば帰国する。北海道で構想中のビジネスもあるそうだ。

「私もいろいろやりたいことがあるんですけど、七十になるので、いつどうなるかわからないじゃないですか？　栗城みたいな面白くて元気のいいヤツがいれば、いろんなことを託せるんですよ。だから早く山を下りてくれ、と……。栗城が亡くなった後、ボクは本当にガックリきたんです」

彼を自分の右腕に、と考えていたようだ。

教授は私の存在を忘れたように独りごちた。

「単独無酸素って看板下ろしてくれれば、すごかったのにな……」

大学時代の友人、亀谷和弘さんは、二〇一八年一月、栗城さんからこんなメッセージを受け取っている。

『新しいSNSをやろうとしている。もう少ししたらリリースできるかも』

おそらく、二〇一九年のNHKの番組でも短く触れられていた「夢を叶えたい若者とそれを応援したい人を結び付けるアプリの開発」のことだろう。「たお」の社長を引き継いだ小林幸子さんが、このアプリの企画書を見つめる姿が映っていた。

表紙の文字は『応援し合う世界へ』。

どんなアプリなのか、企画書に何が書かれているのか、番組は伝えなかったが、栗城さんが第二の人生で取り組みたいと語った「ビジネス」の第一歩がこのアプリだったのかもしれない。

自分を称賛する一方で、それ以上の中傷と批判を浴びせたＳＮＳ……そのＳＮＳと、栗城さんは最後まで縁が切れなかった。

私には表紙のついた企画書が栗城さんの遺言状のように見えた。第二関節までしかない指で携帯やパソコンを操作する彼の姿を想像すると胸が痛んだ。

先述したが、私自身、一年あまりブログを書いていた。栗城さんに関する記事は二〇一九年二月にすべて削除したが、その後も仕事で経験したできごとを中心にあれこれ綴っていた。

そのブログを閉じた理由についても触れておきたい。一番の愛読者だった母が、二〇一九年七月に急逝したのがきっかけだった。私はとたんに書く意欲が萎えてしまった。自分でも意外に感じるほど冷めた。ほとんど更新しないまま四カ月ほどして閉じた。私にとってのＳＮＳは不特定多数の人とつながるためではなく、母をはじめごく近しい人たちへの感謝の手紙だったのかもしれない。「面白かったよ」と言ってくれる人が実体を伴ってそばにいたから続けられたのだと実感している。

ＳＮＳに疎かった私は、栗城さんの足跡をたどる過程で、ネットの世界に「魚拓」というものがあることを知り、驚愕した。ウェブのページの複製を取るサービスのことだ。栗城さんはツイッターやブログでの発言を何度も削除しているが、削除される前に魚拓を取った人たちがそれらをアップしている。ネット界という漁場に群がる釣り人たちに栗城発言は何度も釣り上げられ、その都度、決して色褪せることのない魚拓が再現された。

栗城さんはインターネットという「文明の産物」について、ツイッターでこう論じている。ブログが炎上した五回目のエベレスト挑戦の翌年、二〇一六年六月十五日のものだ。

『インターネットの登場でもっと分かり合えるフラットな社会ができるのかなと思ったら全く逆の社会を生み出してしまったように思えます。。《ママ》もっと人に優しい社会を』

第十二幕

終演 ～「神」の降臨～

「変な考え、起こすなよ」

二〇一八年五月二十一日。花谷泰広さんはヒマラヤ登山の帰途、カトマンズからバンコクに向かう飛行機の中で野口健さんと一緒になった。バンコクでトランジット中に、野口さんが携帯電話を起動すると「チーム栗城」向けのメッセージが入っていた。『南西壁に向かう』とあった。二人とも仰天した。

「『論外だ！　俺、ＬＩＮＥするわ！』って、すぐに栗城君にメッセージ送ったんですよ」

花谷さんのＬＩＮＥに、栗城さんからの返信は届かなかった。

「ボクが送信したのと大体同じころですよ、彼が滑落死したと思われるのは」

この二カ月前。花谷さんは八ヶ岳の山小屋で、まもなくエベレストに発つ栗城さんに強い口調で訴えたという。

「初めてですよ、あんなに真剣に話したのは……。エベレストは今回で終わりにした方がいい、素直にノーマルルートを行け、登れたらすごいことだ、不可能ではない、無酸素でもいい勝負できると思う、登頂しろ、登頂生中継できたら今まで笑ってたヤツら全員黙るぞ、そしてこれで最後にしろ、って」

栗城さんは、何も言わずに笑顔で聞いていたという。

「何か企んでるのかな？　ってイヤな予感はしてたんですけどね」

ネパールに入ってからも、メールを交換した。

『いい感じで体が動いているので、登れそうです』

実際には風邪をこじらせていたが、栗城さんからのメールにはそうあった。

「ボクが『変な考え、起こすなよ』と送ったら、『へへへへ』。やっぱり何か考えてやがるな、と心配になりました。でも、まさか南西壁とは！　さすがに予想もできへんかった……それはアカンやろ！　って」

花谷さんは神戸の出身だ。それまではほぼ標準語だったが、南西壁の話になると完全に関西弁に変わっていた。

エベレストのネパール側にある南西壁は「超」の字がつく難関ルートだ。

ＢＣ（五三〇〇メートル）から、氷の迷宮のようなアイスフォール帯を越えてＣ１（六〇〇〇メートル）、そこから「西の谷」と呼ばれる長い雪面を登ってＣ２（六四〇〇メートル）に至る。ここまではノーマルルートと同じだ。

Ｃ２の左手に、黒々とした巨大な岩壁が聳えている。これが南西壁だ。下部は雪と氷が張り付いて岩と一体化し、上部には登ってくる人間を叩き落とすために置かれたかのような巨岩がいくつか出っ張っている。壁の傾斜は上に行くほど増していく。

ノーマルルートは谷をまっすぐ登りつめて稜線に出るが、南西壁はＣ２の少し上、標高六五〇〇メートル地点でルートを左に折れる。そこから七六〇〇メートル付近の壁の取り付きまで登る。ここがＣ３だ。栗城さんもここまでなら登れるだろう。シェルパのルート工作があれば、そして「足」さえあれば……。

しかし、南西壁の核心部はここからなのだ。

「ロックバンド」というほぼ垂直の壁が、標高八三五〇メートル地点までそそり立つ。標高差七〇〇メートル。雪崩も起きる。こぶし大の落石が脳天に降ってくれば、絶命する可能性が高い。

ピッケルとアイゼンだけでは登れない。ロープを張ることが不可欠だ。ロープを張るために空身で上がり、いったん下りて荷物を背負ってまた上がる……これを延々と繰り返すのだ、この標高で……。

指を失った栗城さんがどうやって登るというのだ？

そもそもこの前年、「指のない自分に氷の壁は難しい」とルート・ショッピングを繰り返したのは誰だ？

ここは栗城さんを「否定する壁」なのだ。いくら「ＮＯ　ＬＩＭＩＴ」と叫んでも壁にエレベーターがつくわけではない。

一九七五年秋、イギリス隊がこの南西壁ルートで初登頂を果たすが、このときは隊員二十三人。これに加えて大勢のシェルパを伴い、酸素ボンベを七十本持ち込んだ。三十三日かけて大仕事を成し遂げた。

一九九三年、このルートで冬季初登頂を果たしたのは日本隊（群馬岳連隊）である。その隊長だった八木原《やぎはら》圀明《くにあき》さんは、栗城さんの南西壁挑戦をどう見たのか？

八木原さんは現在、日本山岳・スポーツクライミング協会の会長を務める。登山界のトップに常識外れの挑戦についてのコメントを求めるのは気が引けたが、豪放磊落《らいらく》な人で私の取材に快く応じてくれた。

八木原さんは歯に衣着せぬ表現で、栗城さんの挑戦を評した。

「ボクたちは二十年、三十年ヒマラヤのことだけを考えて活動した。実績を積み上げて、それなりの体制を作って何とか成功できた。彼の場合は順番が逆だよね。努力と経験の延長線上に南西壁があるならわかるけど、さほどの実績もなくて、ただ南西壁に行くっていう妄想だけが先にある。ボクの目にはそう映るな」

八木原さんは文部科学省のイベントで「最近はバカと言われてもやるんだという心意気のある登山家が減ってきた。実に寂しい。どうせ遭難するなら立派な遭難をしてくれ。せっかく遭難するなら立派な死に方をしてくれ」と話して、その場にいた人たちを呆れさせたことがあるそうだ。

そんな型破りなリーダーも、栗城さんの「遭難」と「死に方」には手厳しかった。

「八〇〇〇メートルぐらいまで登ってからの遭難ならまだしも……。あれは挑戦とか心意気とは呼ばないね。妄想に駆られて行っただけだ。ドン・キホーテだよね」

出国前の二〇一八年三月、栗城さんはネット用の動画のインタビューでこう語っている。

「今回は、確実性を求めた登山になると思います」

言葉通りに受け取れば、ノーマルルートを登る、と誰もが思う。実際、五月十二日から十四日までの高度順応では、ノーマルルートを標高七二〇〇メートル付近まで登っていた。

私が本当にもどかしいのは、栗城さんが本音を素直に語ろうとしないことだ。彼の高校時代の担任、森聡先生の言葉を私は思い出していた。

「あそこへ連れて行け、って言うだけで理由を言わないのは、それが彼のネタだからなんです。オチをつけるまでタネ明かしをしたくないっていうか、周りのリアクションを楽しむんですね」

栗城さんと決別した人の中には、彼のこうしたフェイクに疲れ果てたか、フェイクを本音と受け取った人もいたと思う。フェイクを振りまく人間との「共有」など至難の業だ。

「南西壁ルートに変えます！」

栗城さんがファンに向けてそう宣言するのは、五月十八日。アタックに向けてＢＣを出発する朝だった。

この三日後に、彼は還らぬ人となる。

南西壁挑戦の謎を解く「小説」「映画」「第九」

栗城さんはなぜ南西壁への挑戦を思い立ったのか？

彼自身がはっきりと語っていないので推察するしかないが、その言動を紐解いていくと、ある作品を意識していたことがうかがえる。

夢枕獏《ゆめまくらばく》さんの小説『神々の山嶺《いただき》』（一九九七年・集英社）である。

ストーリーはこうだ。

……日本の登山界から忽然と姿を消した孤高の登山家が、ネパールに不法滞在してシェルパとして働きながら、かつて誰も成し遂げたことのない偉業に人知れず挑む。

それがエベレスト「南西壁」の冬季単独無酸素登頂だった。

一九二四年、エベレストの山頂付近で消息を絶ったイギリスの伝説的登山家ジョージ・マロリー氏（一八八六〜一九二四年）の遺品のミステリーを絡めながら、山の頂を愚直に求め続けた男の生涯を描いている……。

二〇一八年、最後のエベレスト挑戦。栗城さんはＢＣに入る数日前、滞在するホテルで「今回は南西壁ルートを登る」とスタッフに地図を使って説明している。この様子は彼の死後公開された動画で確認できる。

南西壁の最大の難所「ロックバンド」を標高八三五〇メートルまで登りきると、通常は右にトラバースして、ノーマルルートである南東稜に合流する。ところが栗城さんは、

「ボクはここから未踏のルートに入って、（稜線に出る）短いところをストレートに登って、つないで頂上へ行く」

彼がボールペンで指したこのルートこそ、小説『神々の山嶺』の主人公が登る、前人未踏の「頂上直下ウォール」なのだ。

頂上直下ウォールは、取り付きようのない浮石だらけの岩壁で、足に体重をかけた瞬間崩れ落ちる、登山界では登らなくてもよいと認知されている壁……小説の中ではそう説明されている。

あわせて、この小説を原作にして制作された映画『エヴェレスト　神々の山嶺』にも強い影響を受けていたと推察される。岡田准一さんと阿部寛さんが主演している。

映画の公開に合わせて、栗城さんは岡田准一さんと雑誌でスペシャル対談を行なっている。

『先日、映画の試写を拝見したんですけど……凄かったです。何が凄いって、まず、ベースキャンプまで行ったのが凄い』（講談社『ＦＲａＵ』２０１６年４月号）

また、公開日前日の二〇一六年三月十一日。映画の製作委員会のツイッターに栗城さんはこんなメッセージを寄せている。

『まさか「神々の山嶺」の世界が実写になるとは思っていませんでした。エベレスト南西壁を映像化する。キャストもエベレストに行く。全てが伝説になるような映画です。山を愛する人、何かに挑戦する人、全ての人に見てもらいたい映画です』

このツイートに対してリプライが投稿されていた。

『観に行こうと思ってましたが栗城なんかにコメントを求めるようなスタッフが居る映画は観ません。何考えてんだ？』

私は二〇一九年になって、遅ればせながらレンタルのＤＶＤを鑑賞した。

映画のエンディング曲は、国籍の違う四人組「イル・ディーヴォ」が歌う『喜びのシンフォニー』。すなわち、ベートーベンの『第九』だった。

この曲を聴いた瞬間、ずっと喉の奥に引っかかっていた小骨が、スーッと消化器官に吸い込まれていく感覚があった。その小骨とは……。

栗城さんの死から半年が経った二〇一八年十一月二十日。彼を追悼する「第九・よろこびの歌コンサート」が都内で開催された。主催する栗城事務所のホームページにはこうある。

『栗城が、なぜ第九？　多くの皆さんは疑問に思うと思います。（中略）栗城は、あまり知られてはいませんが、エベレストに挑戦する際に毎回ベースキャンプで「第九」の第4楽章を聞いて、自分の気持を鼓舞していました』

意外だった。私が取材していたころ、彼が聴いていたのはテクノが大半だった。イギリスの二人組「アンダーワールド」がお気に入りで、取材で彼の車に乗せてもらうと、決まってカーステレオから流れていた。「暗黒街」とか「冥界」を意味するバンド名の通り重々しい緊迫感が漂う曲が多く、講演で「夢」を語る栗城さんにそぐわない気がしたものだ。

私が取材した人たちにも尋ねたが、テクノ以外で曲名が挙がったのは「エヴァンゲリオンのテーマ曲も好きでしたね」（児玉毅さん）、「たまにアントニオ猪木の入場曲とか」（亀谷和弘さん）ぐらいだ。

栗城さんはいつから『第九』を聴くようになったのか。私は彼が音楽について語ったインタビューはないか、ネットを検索してみた。『うたパス』というウェブサイトに彼のインタビュー記事があった。「アタック前に合うテーマソング」として、確かに『第九』を挙げていた。私は撮影を担当したカメラマンに問い合わせた。インタビューが行なわれたのは、二〇一六年の八月十日だった。

映画『エヴェレスト　神々の山嶺』の公開は二〇一六年三月。インタビューを受けたのが八月十日。その十六日後の八月二十六日、栗城さんは六回目のエベレストに向け出国している。

この挑戦に敗れた後、彼が語った「次は、厳冬期を考えている」という言葉。これも映画の設定と同じだ。

栗城さんは映画の中で孤高の登山家を演じた阿部寛さんに自らを重ねあわせながら、「神々の山嶺」を登ろうとしたのだろうか？　彼の頭の中では『第九』が高らかに鳴り響いていたのだろうか？

二〇一六年から二〇一八年までずっと……。

「体調不良」と「滑落死」

「吐き気が止まんなくて……ちょっと異常な感じがするんで……ちょっと危ないかもしれませ

ん……下りた方がいいかな、と思ってます……」

栗城さんがＢＣにそう伝えたのは、五月二十日、現地時間の夜八時三十分（日本時間・午後十一時四十五分）ごろだった。このとき栗城さんは、ロックバンドの手前、標高七四〇〇メートル付近に設置したＣ３のテントにいた。

四時間三十分後の二十一日午前一時（日本時間・午前四時十五分）になったら、遥か一四四八メートル上のエベレスト山頂に向けて出発する予定だった。

「下りる」という連絡を受けて、Ｃ２近くの撮影隊についていたシェルパがすぐに救助に向かった。しかし下山中、アクシデントが起きる。

栗城さんのヘッドランプの電池が切れたのだ。空は晴れて星が光っていたとはいえ、下からは彼の位置が確認できなくなってしまった。午後十一時三十分（日本時間・二十一日午前二時四十五分）ごろ、本人から無線が入る。

「ヘッドランプ点けて来て……そこ目がけて下ります」

しかしこれを最後に、栗城さんは呼びかけに応じなくなった。

シェルパは彼が下りてくるはずの、壁に向かって右寄りの斜面を上がった。二時間ほどで合流できるだろうと、ＢＣのサーダー（シェルパ頭）は見ていた。だが、シェルパは栗城さんと遭遇せず、Ｃ３のテントまで来てしまう。念のため中を覗き込むが、栗城さんの姿はない。

午前四時（日本時間・午前七時十五分）ごろ、サーダーの指示でアッシシュ・グルンさんという二十六歳のシェルパが、最初のシェルパとは逆の、壁に向かって左寄りの斜面を登り始めた。夜が明けた二十一日午前八時（日本時間・午前十一時十五分）ごろ、アッシュさんからBCに無線が入る。

「死んでいる」

栗城さんの遺体はC2の少し上、標高六六〇〇メートル付近に横たわっていた。滑落死である。当初はなぜか低体温症と発表されたが、事務所は四日後に訂正した。

私が栗城さんの最期を知ったのは、遺体発見から四時間ほど後の日本時間午後三時ごろだった。報道のデスクから「栗城さんの番組の映像を使いたい」と電話が入ったのだ。彼の会社から提供を受けたヒマラヤの映像ではなく、私たちが取材した映像のみ使用するよう伝えた。

訃報にショックはあったが、「まだ登っていたのか……」という驚きの方が大きかった。

この一時間後の午後四時からインターネットで生中継が予定されていたと聞いて、何とも複雑な思いにとらわれた。

栗城さんはエベレストに入ってからずっと体調が優れなかった、と事務所は発表し、ニュースもそのまま伝えていた。ブログにも「三十八・七℃」を示した体温計の画像が上がっている。五月九日には、ヘリコプターでルクラに下り、病院に行った、という記述もある。

三月に都内で撮影された動画を見ると、栗城さんは時々鼻をすすっている。声もやや鼻声だ。

エベレストに入ってからではなく、出国前からすでに風邪気味だったのだ。

体調管理に万全を期すべきときに、動画はわざわざ夜の屋外で焚き火を前に収録されている。視覚的な効果は理解するが、風邪気味の人に行なうべき演出ではない。プランを捨てて、室内での撮影に切り替えるべきだった。

ＢＣを発つ五月十八日になっても、栗城さんは少し鼻をすすっている。風邪は治り切っていなかった。

体調不良。滑落死。

公表された情報は、この二つしかなかった。私はそこに大きな違和感を覚えた。

知名度のある人間が、世間から注目される挑戦を行なっている最中に死亡したのだ。もっと多岐にわたる情報が「続報」として伝わってきていいはずだ。

エベレストに登頂経験のある佐藤信二さんは、「七〇〇〇メートル以上の高地で、夜に一人で下りるなど言語道断」と話す。

「自分に力量がなければ、シェルパを待つのが常識です。待って、下まで誘導させる。体調が悪かったならなおさらです。ボクだったら、誘導係とリュック持ちでシェルパを二人呼びます。きつい言い方ですが、ヒマラヤを甘く見過ぎです」

ロックバンドの手前とはいえ、Ｃ３からＣ２までの斜面は四十度ほどの傾斜がある。

登りは次の一歩が目線から近く、体も前を向いているので、足場を踏み外したとしてもピッケルを壁に刺すなど対応を取りやすい。しかし、下りは次の一歩が遠くて足場を確認しづらい上、背中から仰向けに転ぶ可能性が高く、対処が難しいのだ。

しかも夜は、目に入る情報量が昼間の十分の一になる。ヘッドランプが照らせるのはごく狭い範囲だ。ましてや、その明かりさえなかったとしたら……。

常識的には動くべきではない状況なのに、大きな危険を冒してまで下りた。栗城さんにはそこに至るまでの「事情」と「必然」があったはずだ。

「戦争で死ぬよりいいよ」

「遊びに来てるんだったら帰れって！」

栗城さんの死後、二〇一九年一月に放送されたＮＨＫの番組に、栗城さんがカメラの管理を怠ったスタッフを怒鳴りつける場面があった。「彼がこれまで見せたことのない姿」「追い詰められている雰囲気」といった趣旨のナレーションが被さっていた。

スタッフに怒鳴りながら、栗城さんはしきりに鼻をかんでいた。体調不良が彼の怒りに油を注いだのだろう。私は栗城さんが声を荒らげる場面をエベレスト初挑戦のときの映像素材で見ていたので、彼が怒鳴ったこと自体にはさほど驚かなかった。

むしろ「彼が何に追い詰められていたのか？」を正確に知りたかった。

彼の遠征に九回同行したカメラマンのUさんは、NHKの番組でこう語っていた……。

「エベレストは今回で最後にする、って彼は話していた」

その理由を知りたくてUさんに連絡を取ったが、取材には応じてもらえなかった。

栗城さんを追い詰めていたものは何だったのか？　その答えを誰に求めたらいいのか？

ふと……浮かんできた顔があった。

栗城さんが「先生」と呼んでいた、「人財」育成コンサルタントの黒木安馬さんだ。

黒木さんは彼に政財界の有力者をつないだほか、講演で人心を掴む心得まで伝授した、栗城さんにとって恩人中の恩人である。

「ワガママなオニイちゃんだったけど、放っておけないキャラクターだったよね」

二人の師弟愛は揺らがなかったようだ。私は黒木さんに尋ねた。

「栗城さんは、今回が最後だ、と決めていたんでしょうか？」

「はっきりとは言わなかったけどねえ。ただ、それは栗城君が決める問題というよりも、状況から考えたらそうするしかないってことだろうな」

一言で言えば、資金の問題、だと話す。

「前年の七回目と今回では、明らかに様子が違ったね、どの企業を回っても。口にこそ出さなくても、『またですかあ？』って顔されたら、いくら栗城君だってわかるよ。今度失敗したらもうスポンサーはつかないな、って自覚はあったと思うよ」

エベレスト初挑戦の二〇〇九年。黒木さんは《登頂に成功したら銀座で凱旋パレードをやる！》と、栗城さんには内緒で準備を進めていたという。

彼も周囲も、まさに「夢」に満ち溢れていた時代である。

もうあの頃の栗城さんではなかった。敗退を重ね、指を失い、一方ではタレントが八〇〇〇メートル峰に登ってしまう時代になっていた。

「ＮＨＫの番組で怒鳴ってたじゃない。ああなったらもうダメだよ。楽しさのアルファ波が脳から出ていない。ベーター波の爆発だもん。あれじゃあ厳しいよね」

黒木さんは淡々とした口調で続けた……。

「死ぬつもりで行ったんじゃないかなあ、彼。失敗して下りてきても、現実問題として行くところはなかった。もぬけの殻になるより、英雄として山に死んだ方がいい、って思ったとしても不思議はないよね。『謎』って終わり方だってあるしね。頂上からの中継はできなかったけど、エベレストに行くまでの過程で十分夢は実現した、と考えたのかもしれないし」

まあ理由はなんであれ、と黒木さんは付け加えた。

「戦争で死ぬよりずっといいじゃないの」

そのときは唐突な印象を受けた黒木さんの言葉が、なぜかいつまでも消えることなく私の頭の中で響いていた。

森下亮太郎さんは、自殺説に与《くみ》するわけではないが、栗城さんが生きることに限界を感じていた、と見る。

「実像と虚像の整合性が、もう自分の中で取れなくなっていたんだと思います。あいつは山が好きなわけじゃない。登るのがつらかったと思う」

栗城さんは「謎」と「矛盾」に満ちた登山家だった。

彼は南極で「山に登ると日常というものがどんなにありがたいかわかる」と語っている。そんな小市民的な面を持ちながら、「単独無酸素でのエベレスト登頂」という大風呂敷を広げ、「夢の共有」という社会貢献の匂いまで発散させる。

「虚実皮膜《きょじつひにく》」

芸の神髄は、虚《うそ》と実《まこと》の境界が（皮膚と粘膜のように）微妙なところにあり、虚構があることによってかえって真実味が増す……江戸時代の浄瑠璃《じょうるり》の巨星、近松門左衛門の芸術論だ。

栗城史多は、あの日、なぜ滑落死したのか？

そして、栗城史多は何者だったのか？

それを知る手がかりは、彼が駄々っ子のようにこだわった「エベレスト劇場」の中に隠されているのではないか？

その最終幕の「虚実皮膜」を、私なりに改めて検証してみたい。

あのとき……エベレストのBCには、まさに「役者」が揃っていた。

栗城さんがノーマルルートでの順応登山を終えてBCに戻ったのが五月十四日。そして「南西壁を登る」とサプライズ宣言をしてBCを発つのは五月十八日だった。

この五日間に、エベレストでは次々とドラマが生まれていた。

五月十四日。両脚ともに義足という六十九歳の中国人男性、夏伯渝《シア・ボーユー》さんが、七人の隊員とともにエベレストの頂に立った。夏さんが両脚を切断したのは一九七五年のことだ。エベレストに登攀中、山頂付近で凍傷を負ったのが原因だった。

四十三年の苦節を経て、挑戦五度目で悲願を成就させた。

「これは私の運命への挑戦だった」

下山後、夏伯渝さんは記者たちにそう語っている。

五月十五日。エベレストに登頂経験もあるブラジル在住の日本人、松本たつおさんが、エベレストの隣・ローツェに登頂した。松本さんは七十九歳、ローツェ登頂の世界最高齢記録が塗り替えられた。

五月十七日には、「七大陸最高峰を社員の足で完全制覇する」プロジェクトを掲げる日本の広告代理店の登山隊が、エベレストにチベット側から登頂を果たした。サポートをした倉岡裕之さんは、エベレストに何度も登っているベテランガイドで、栗城さんが南極のビンソンマシフに登頂した際に撮影スタッフとして同行している。

三つの隊の成功は、BCにいた栗城さんの耳にも当然入ってくる。

エンターテイナーの栗城さんだ。刺激を受けたに違いない。

五月十八日のBC出発が迫ってくる。

しかし風邪は完治せず、体調は優れない。インターネット生中継の日も近い。

何を語ろう？　何を見せよう？

演じる人間、伝える者として……。

私は、自分の身に置き換えて考えてみた。

たとえば、私が重大な事件事故の現場から生中継でリポートをしなければならないとする。

しかし風邪で具合が悪い。少しでも楽になりたい。

突発の出来事だから気力で乗り切るしかないだろうが、状況が許すなら薬局に走って薬を飲む……。

番組の納品期限が迫っているのに、頭が働かず編集作業が一向に進まない場合はどうするか？
少しだけ眠る、か、点滴を打つ、か……。
薬……。
点滴……。
次に、栗城さんの立場になって想像した。
山で苦しいときに何が欲しい？
どうやれば楽になる？
点滴はない……。
薬と……。

《え》
頭の中に、微かに電流が走った気がした。
私は、カトマンズのボチボチトレックにメールを送った。
『栗城さんはＢＣで、酸素ボンベを使用したのではありませんか？』

『彼は酸素を吸った』

『We too heard that he used oxygen.（私たちも彼は酸素を吸ったと聞いています）』

返信メールにあったこの一文を見た瞬間、私は胸を鋭いもので貫かれたような衝撃を感じた。ティカ社長はじめボチボチトレックのスタッフは、栗城さんに同行したシェルパから知らされていたのだ。

彼の「酸素吸入」を……。

栗城さんの酸素吸入の事実は伏せた上で、日本ヒマラヤ協会の大内倫文さんに確認した。

登山は厳格な定義がないやっかいなジャンルだ。栗城さんは「単独」登山を、「ＢＣを出た先は」荷揚げを含めてすべて一人で行なうこと、と解釈していた。この解釈を「無酸素」登山に当てはめれば、ＢＣを出た後さえ酸素を吸わなければ条件はクリアしているのではないか？　裏を返せば「ＢＣの中であれば」酸素を吸っても許されるのではないか？　そんな疑問が湧いてきたのだ。

しかし大内さんは「そんなの無酸素登山と言えるわけがない！」と即答だった。

「厳密に言えば、ＢＣにボンベを持ち込むことも許されない。メスナーはそういう登山を遂行している。定義も何も、無酸素とはそういうことだ」

栗城さんが何度も自分の挑戦の引き合いに出したメスナー氏のＢＣには、酸素ボンベはもちろんシェルパさえ存在しなかった。

「単独」の定義が一般的に「ＢＣを出た先は」とされているのは、山頂というゴールに向かう「スタート地点」が必要だからだ。それがなければ極端な話、海抜〇メートルから自分の足だけで登らなければ「単独登山」と認められなくなる。

それに対して「無酸素登山」は、酸素ボンベの存在を「端から」想定していないのだ。「この地点までなら許される」というような、使用場所や状況の問題ではない。したがって、ＢＣで酸素を吸った時点で、「無酸素登山」としては「失格」と考えていいだろう。

ネット上には、栗城さんがチョ・オユー、そして一回目と二回目のエベレスト挑戦で、酸素を吸った、という書き込みがある。いずれも吸ったのはすべて、登頂、もしくは、断念した「後」だ。登る「前」ではない。

栗城さんはチョ・オユー登頂後のブログに、『初めて酸素ボンベを使います。超楽しみ』と、弾んだ言葉を残していた。その続きには、こうある。

『ちなみに酸素ボンベを業界用語で、「神」というみたいです』

その「神」を、栗城さんは求めた……。

前出の小樽の脳神経外科医、越前谷幸平さんにも、「一般論として」話を聞いた。酸素吸入によって栗城さんは体が楽になったはずだ。それなのになぜ彼はＣ３で「ちょっと異常な感じがする」と訴えたのか？　……そんな疑問が浮かんだからだ。

　越前谷さんはまず、栗城さんがＢＣに五日も滞在したことに首を傾げる。

「高度順応には上がるだけではなく高度を下げて体を休ませることが確かに重要です。しかし、普通は一、二泊したらまた登って、次の高度順応を獲得していくものです。五日もいたのは、『今、上に上がったら体が持たない』『自分は何か病的な状態にある』と、ご本人が感じていたからかもしれません」

　越前谷さんによれば、いったん獲得された高度順応は赤血球や細胞に記憶されるため、すぐには退化しないという（デス・ゾーンに停滞し続ける場合は別だ）。一年程度は維持されるという登山医学界の報告もある。二〇一七年に中国の研究チームが『ネイチャー』誌に発表した。

　しかし一方で、越前谷さんはこうも指摘する。

「酸素を吸うと、再び登り返して高度を上げたときに、苦しさを感じることがあるんです。酸素を吸って楽になったときの感覚が登山者の中に鮮明に残っていますから。登るときの実感としては辛く感じるんです」

　ＢＣで酸素を吸った栗城さんにとって、Ｃ３の空気はそれまで以上に耐え難いものに感じられたのかもしれない。

出国前の動画インタビューで、「周囲からはエベレストはもうやめとけ、って声が多いんじゃないですか？」と聞かれた栗城さんは、こう答えている。

「一番多いのは酸素使って行ったらいいんじゃないの？　って。それ、絶対やんないすね。だったらやめるかな、って思ってて、登山そのものを」

二〇〇八年、私が初めて行なったインタビューでも彼は断言している。

「酸素があると酸素に頼る体になってしまう、そんな感じがしますね。どんなに苦しくても、ボクは酸素を使わない。山の持つ威圧感や恐ろしさ、孤独感、そういうのはすべて自然の一部だとボクは思っているので、それを百パーセント受け止める。それには酸素ボンベはむしろない方がいいんです」

ボクの夢、とおそらく何万回と口にしたに違いない「単独無酸素でのエベレスト登頂」……栗城さんは自ら看板に泥を塗ったのである。

そんな大ばか者を、しかし私は責める気にはなれない。

酸素を吸っている彼を後ろから抱きしめて、こう言ってやりたかった。

もういい、休め、お前は十分頑張った……。

『He used oxygen.』

切なすぎる、エベレスト劇場の閉幕だった。

サーダーの証言

「酸素ボンベは私が用意した」

そう証言するのは、栗城さんをサポートしたサーダーのマン・バハトゥール・グルンさん(五十四歳)である。

マンさんは、「マン・サーダー」として栗城さんの遠征時のブログにもしばしば登場する。髪がボサボサで野性的な風貌のマンさんに、栗城さんはニワトリの顔がついた毛糸の帽子を被らせて「鳥人間」と呼んだり、「食べては踊る変な人」と茶化したりしている。マンさんは日本語が堪能で、ネット中継に栗城さんと一緒に出演したこともある。

私はマンさんの携帯電話の番号をボチボチトレックから教えてもらい、直接話を聞くことができた。二〇一九年、四回にわたって詳細に取材した。

「風邪が治らないからボンベ探してきて、って言われた」

ＢＣでは酸素ボンベが一本五百ドルから六百ドルで売買されるそうだ。ボチボチトレックの事務所で手配すれば四百五十ドルで済む。だが、無酸素を標榜する栗城さんに、それはできなかった。他の日本人登山者に見られたくないのだ。

マンさんは「予備の酸素ボンベはないか？」とＢＣにいる他の隊を回った。顔見知りのシェルパから二本調達したという。エベレストで一般的なのは、ロシア製の酸素ボンベだ。一本、三百五十リットルで、使う頻度にもよるが通常六、七時間は使える。栗城さんはＢＣのテント内で二本とも使い切った。

使用した期間は、私が推理した五月十四日から十八日の間だけではないという。

「日付ははっきり覚えていない。でも、もっと早いうちに吸っていた。吸うと、その日と次の日ぐらいは楽になる」

私は、マンさんに尋ねた。

「最後の夜、栗城さんが『下りる』と言ったとき、反対はしなかったんですか？」

大きなため息が受話器から漏れてきた。反対したに決まっているじゃないか、とそのため息は語っていた。

「あの子には、何言っても、意味がない」

マンさんは栗城さんの初めてのヒマラヤ、チョ・オユーから計八回にわたって、二十歳近く年下の「あの子」をサポートしてきた。同行した回数はどのシェルパよりも多い。

彼特有の「登り方」に、当初は戸惑うばかりだったと話す。

「このルートは危ない、と思って、別のルートを作ってあげたら、『こういうふうにはやりたくないんだ！』ってすごく怒った」

おそらくは撮影上の都合だろう。カメラ映えのするルートを登りたかったのだ。

「心配だから近づいたら、『離れて！』『隠れて！』って。助けてるのに怒られた。なぜかわからなかった」

シェルパが画角に入ると、「単独登山ではないこと」が視聴者にわかってしまうからだ。

撮影にまつわるこうしたエピソードは、佐藤信二さんも耳にしていた。ボチボチトレックの上得意である佐藤さんは、マンさんにサポートを依頼することが多い。栗城さんのことがしばしば二人の間で話題にのぼったという。

「ベースキャンプまでシェルパに荷物を運ばせてテント場の整地もさせて、テントを立てるところだけ撮影のために自分でやる、とか……マンちゃん、ボクにいろいろこぼしてました」

マンさんによれば、栗城さんが酸素を吸ったのは今回が初めてではないという。ＢＣだけではなく、上のキャンプ地までシェルパがボンベを運んだこともあったそうだ。

「Ｃ２ぐらいまで持って上がるのはよくあること。寝るときにも使ってた。起きてから十二時間ぐらいは動ける。『体に（酸素が）たまる』って言い方してた。それが切れたら（きつくなったら）下りる。天気が晴れてきれいな映像が撮れたらＯＫだって言ってた」

これでは登山というより、ロケ、だ。

マンさんは番組の完成形がイメージできず、こんな質問をしてしまったこともある。

「こんなにシェルパ雇って、酸素吸っていても、番組になるの？」

栗城さんはそのときマンさんを、ギロリと睨んだそうだ。

「あんたには関係ないって。あんたは自分の仕事をしてればいいの！」

ネット中継では漫才の掛け合いのようなやり取りを見せた二人だが、舞台裏ではかなりシリアスな言葉を交換していたようだ。

指を失くした後の遠征では、自分で雪を掘って溶かすのが難しくなったため、水もシェルパに運んでもらうようになっていた。マンさんは迷った末に進言した。

「隊長、危ないよ。もうやめた方がいいんじゃないですか？」

「ひどいこと言うなあ……」

「……ごめんなさい」

それでも、マンさんを含めて、栗城隊につきたいと希望するシェルパは多かった。

「栗城さんにつくと、嫌なこともあるけど、他の隊よりギャラが高い。生活のことあるから、みんなお金欲しい」

栗城さんが凍傷を負った四回目のエベレスト挑戦でも、マンさんはサーダーを務めた。C2まで下ろされた栗城さんの一直線に黒くなった指に、多くの登山家と同様、違和感を覚えたそうだ。

「あまり見たことのない凍傷。変は変。でも、誰もその場にいなかったから、本当のことはわからない」

ＧＰＳが不可解な表示をしてネットが炎上した五回目の挑戦では、マンさんはＣ２まで一緒に登り、栗城さんの行動を近くで支えた。

「ＧＰＳはシェルパが持って登ったときもあったし、日本人（スタッフ）が持っていたときもある」とマンさんは話す。誰がどの区間どう操作したか、詳細には覚えていないそうだ。しかし栗城さん自身の行動は、そばにいたのではっきりと記憶している。

「栗城さんが登ったのは、サウスコル（七九〇六メートル）の下まで」と断言する。

事務所が発表した八一五〇メートル地点には達していない。二回目のアタックでも、のべ八時間程度しか行動しなかった。ＢＣにいったん戻った後、また外に出て、再度帰還する場面を撮影したという。私はティカ社長にも確認した。マンさんから報告を受けて知っている、とのことだった。

私はマンさんに尋ねた。

「南西壁を登る、と聞いたときはどう思いましたか？」

マンさんは関西弁で答えた。

「無理や、絶対。そりゃあ無理や」

ネット中継で栗城さんの「相方」を務めた歳月を感じさせた。

「でも彼は頭がいい。チョ・オユーのころは貧乏だったけど、こんなにお金集めた人いない」

最後のエベレストでは、いつもと違うことがあったという。

「上まで来なくていい、って言われた。ＢＣにいていいから、って」

その前年は「ボクの後、ちゃんとついてきて」と言っていたのに、変だな、と感じたそうだ。

栗城さんが死亡したことを、マンさんは東京の小林幸子さん、カトマンズのボチボチトレックの順に電話で知らせた。また、遺体を収容するヘリを要請した。

ＢＣに下ろされた栗城さんの遺体は損傷していた。

「顔は血で真っ赤だった。頭も一部、割れてた」

三百メートルから四百メートルは滑落したと、マンさんは見ている。栗城さんの顔にこびりついていた血を、マンさんを含めた数人がタオルなどで拭った。

「顔きれいにして傷がわかるようにしないと、ルクラで警察に説明できないし、保険もおりないから」

それぞれの弔辞

登山専門誌『山と溪谷』の二〇一八年七月号は、「ＨＥＡＤ　ＮＥＷＳ」欄一ページ分を使って栗城さんの死を伝えた。

『ごく普通の青年が、弱さも含めて自分をさらけ出し、高峰に挑む姿は人々を引きつけたのだろう』としながらも、『撮影隊やポーターを伴う登山が「単独」といえるのか、という声もあった』と書いている。

花谷泰広さんはその欄で『お互いに刺激し合える関係で、彼に学ぶことも多かった。とても残念です』と哀悼の意を表している。

花谷さんは私のインタビューにはこう語った。

「ボクも彼も友だちが多いタイプじゃない。気が合う人間ってなかなか出会えない。だから本当に悔しい」

脳科学者の茂木健一郎さんは、予期せぬ訃報に「雪女が栗城さんを天国に連れていくようなイメージが脳裏に浮かんだ」と言う。

夢精した話を書くのは憚《はばか》られたので、自身のブログには、栗城さんからダウンジャケットをプレゼントされた思い出を綴った。

茂木さんは着ていたダウンジャケットを街角で釘か何かに引っかけて、表面のナイロンを破いてしまったことがある。中から羽毛が飛び出すので、表地《おもてじ》と同じ黒色のビニールテープを貼って補修をした。そのテープに気づいた栗城さんから「どうしたんですか？」と聞かれて事情を説明すると、次に会った時、彼から黒の新品のダウンジャケットを差し出されたという。

胸に「M」のイニシャルがあった。タイアップしていた登山用品メーカー、ミレーのロゴだが、茂木さんは「ボクのイニシャルと同じだから素敵だな」と思ったそうだ。茂木さんのブログにはこうある。

『あの時、ほんとうに、何でもないように、覚えていてくださって、さっとダウンジャケットをくださったんだよな。とびっきりの笑顔で、さりげなく。やさしさや、志は、そよ風のように一見何気ない姿をしている。やわらかくて、軽くて、ふわふわとしているように見えて、実はどっしりと重く、芯が通っている。栗城史多さんは、そんな人だった』

茂木さんは、「登山というマッチョな世界に栗城っていうナヨナヨとした人間がいたことって、一概に否定すべきことではないと思う」と私に語った。

大内倫文さんは、ため息交じりで言う。

「南西壁？　お前なあ……って。ヒマラヤで死んだ登山家は、田辺治にしろ名塚秀二《なづかひでじ》にしろ、文豪に似た佇まいがあるんだ。けど栗城は全然違う、彼は芸人だね。山の仲間と共有できない人間が、誰と何を共有するというのか？　栗城は『共有』の意味を取り違えて、『共有』って言葉に殺された気がするなあ」

栗城さんにダウラギリのレクチャーをした札幌の斉藤勤さんは、「パフォーマンスはすぎたけど、勇気ある素晴らしい人生だった」と讃える。

「どこが単独だ、って批判するけどさ、私だって『大雪《だいせつ》に行ってきたよ、単独で』って何気なく使うもの。俺一人で登った、とりあえずそんな感覚だよ。栗城は考えてなかったんだ、深くは。それがいろいろ叩かれてさ、ボディーブローみたいに身に沁みてきた。あれだけ批判されたら、俺だったらヘナヘナってなるけど、栗城は意地があるんだな、じゃあ誰もいないところに行こうじゃないの、って、南西壁まで行っちゃったんでないかい？

植村直己だってバックに電通がいてさ、北極で犬ゾリの犬が死んだら衛星電話一本で新しい犬が運ばれてくるわけだよ。あの単独行は批判しないのに、皆、栗城をいじめすぎだよ」

栗城さんにプレゼントされたサイン入りの『一歩を越える勇気』が、斉藤さんにとっての形見となった。

今は東京で暮らす齊下英樹さんは、親戚からのＬＩＮＥで幼馴染の死を知った。

「夕方四時ごろ連絡があったんですけど、五時過ぎまで仕事が手につかなかったですね。別の幼馴染に電話したりして……。もう十年ぐらい前ですけど、札幌で中学時代の仲間四人で飲んだんですよ。それが栗城に会った最後でした。そのときボク、あいつに言ったんですよね、

『死んで成功するより生きて失敗しろよ』って……。

　あいつ結構、気にしい、で、『あの子、俺のことどう思ってるのかなあ？』って好きな女の子の気持ちをボクに聞いてきたり、人に言われたことをバカ真面目に受け取ったりするところがあるんです。ネットで叩かれてたじゃないですか？　あれがキツかったんじゃないかなあ……。失敗しようが何言われようが、生きて帰ってきてほしかったですね」


　大学時代の友人、亀谷和弘さんは、スマートフォンのトップ画面に上がった『栗城史多死亡』の文字に目が釘付けになったという。涙を拭いながら自宅に帰ると、奥さんも泣いていた。大学の同級生だった奥さんは、ＤＪサークルの合宿で小樽のロッジに泊まったとき、素っ裸の栗城さんに「ニモ！　ニモ！」と追い回された一人だ。

　亀谷さんには、栗城さんに連絡を取るのが憚られた時期がある。

「そりゃあそうでしょう。大学時代一緒に馬鹿やってた栗城が驚くほど高みに行って、ボクはつまんねー会社員になったんだから」

　その栗城さんから『久しぶりー』とメッセンジャーに連絡が入ったのは、二〇一七年十一月のことだった。亀谷さんは嬉しくて、今の暮らしぶりや将来の目標を夢中で語ったそうだ。

「あいつはよく、『死に直面するから生きているって実感するんだよ』って言ってましたけど、いまだに意味がわからない……。別にそんなことしなくてもいいじゃんか、って……。栗城にはたぶん『普通に生きる才能』がなかった。ボクは逆に『普通に生きる』すごさを表現したいって思うようになりました。いつだったか栗城にもそう話したら、アイツはこう言いました。『かめちゃんもかめちゃんのエベレスト目指してよ。俺も登るから』って」

大学の先輩で経営者の山本壮一さんは、栗城さんが周囲の期待に応えようともがいていた、と推察する。

「頑張ってください、勇気付けられました、と言われれば、その声に応えたくなるのが人間です。これは外すことのできない鎖を、自分に巻きつけていくのと同じことです。そこに、大人たちが、企業が、近づいてくる。大きな挑戦には資金が必要だから、彼らを相手にしなければ実現できない。すると失敗が許されなくなる。そしていつしか挑戦をやめられなくなる……。

人前に出た時点で、称賛だけではなく、中傷も受ける。そのことを理解した上で、私は前に出て戦うことを選びたい。栗城君は私にそう思わせてくれた人です」

「アホですよね……」と呟くように言ったのは、心の応援団長、石崎道裕さんだ。

石崎大将は、栗城さんの死についてはあまり語りたくないようだった。代わりに「私、ようやく悟りを開いたんです」と、布袋様のような笑顔を見せた。

「社会貢献、地域貢献、世界平和だって、私、あちこち全力で走り回ってきましたけど、女房の腕が上がらなくなったのを目にして、全部自分の思い上がりだったな、って気づいたんです。貢献なんかしなくていい、女房にこんなに負担かけて、何が社会貢献だ、って。

　あんたと結婚して良かった、って女房に言われること。これが私にとっての貢献であり、平和であると、勝手にそう決めたんです。

　だからたまに女房と旅行に行ったりする時間が一番愛おしい。外に出てたくさんの人を感動させるよりよっぽど大事だって、そう思うようになりました」

　年齢を重ねると、こんな心境の変化も訪れる……大将は栗城さんにそう伝えたかったのかもしれない。

　栗城さんが大学時代に好意を寄せたＫさんは、ＳＮＳで訃報を知った。「人ひとり分、この地球が軽くなったような感覚を覚えた」という。

「栗ちゃんはこの社会で同じように生きにくさを感じている人たちの『代弁者』のような役割を担っていたと思います。彼にとっても、人から求められることは生きがいであり、社会を生き抜くエネルギーになっていた気がします」

　でも……とＫさんは続ける。

「結局はそれも、彼の重荷になっていたんじゃないかって……。人々の代弁者だったはずの栗ちゃんが、一番この社会の生きづらさを感じ、最後は潰されたんじゃないかと……。たぶん登りたくて登ってたんじゃない。亡くなったと知って、五年前のハグしたときの彼を思い出しました。もしかしたら、死なずにすんだ命だったのかな。誰かが止めていれば……受け止めていれば……。
栗ちゃんがどういう人と一緒に働いていたか、彼が自分で『冒険の共有』を創り出していたのかもわかりませんが、彼のブレインは栗ちゃんの危うさに気づかなかったんだろうか……？」

北海道せたな町の寺で執り行なわれた栗城さんの通夜に参列したプロスキーヤーの児玉毅さんは、「あんなに悲しみのない葬儀は初めてだった」と話す。

「お坊さんの読経が始まったとたん、雷が鳴り始めたんですよ。ものすごいんです、ゴロゴロゴロゴロ！　って。正面では遺影の中の栗城君が、満面の笑みを浮かべて稲光に照らされている。ボクは霊的なものは一切信じないんですけど、ダウラギリに登頂した後、彼がＢＣに下りてきたと同時に、登頂祈願の祭壇の石積みがガラガラッて崩れ落ちたんですよ、その場面とかを思い出しちゃって。葬儀の雷も含めて、栗城劇場を見せられているみたいでした。どうだ、ボクは演じ切ったぞ！　って天国から彼が笑ってるような気がして。こんな幸せな人生はないな、って」

最終幕

単独

二〇一九年八月。

蒸し風呂のような東京で、私は最後の取材に取りかかろうとしていた。

占い師「X師」のもとに、私は向かっていた。「強力な人に見てもらっている」と栗城さんがごく限られた友人だけに、その存在を明かした人物だ。しかし、何という占い師なのか名前まで知っている人は、私が取材した限り誰もいなかった。

異色の登山家の人生をたどったら、最後に行き着いたのが占い師……ある意味「らしい」締めくくりのように思えた。

最寄り駅のホームに降りたとたん、三十℃を優に超える熱波が体に絡みついてくる。夕方を過ぎてもこの暑さだ。

北海道生まれの栗城さんがこの街で夏を過ごすのは大変だったのではないか？

秋にエベレストに挑むことが多かった栗城さんにとって、八月といえば遠征資金調達のラストスパートの時期だ。年を追うごとに、資金繰りは苦しくなる一方だった。精神的にもきつかったはずだ。

私は栗城さんのリュックを背負った後ろ姿を、目に飛び込んでくる風景のそこかしこに重ねながら、その場所を目指した。

約束の午後七時。事務所にはX師しかいなかった。

X師の年齢、性別、事務所の場所や室内の特徴、鑑定方法などは明かせない。

占い師を名乗る人の数は、全国で数千とも数万とも言われる。私は膨大な情報の中から十数人に絞り込み、問い合わせのメールを送った。全滅だろうな、と覚悟していた。《ここまで調べたぞ》という自己満足に近かった。X師から返信があったときは《奇跡が起きた……》と鳥肌が立った。この年の六月上旬のことだった。

『はじめまして、Xです。このメールを拝見しましてどう返信をしたらよいか、本当に迷いました。（中略）占いは統計学になります。現在に至るまで、多くの有名人も鑑定してきています。私は仕事柄、親、兄弟、友人にも、どんな方が来ても一切話したことがありません。もし、それを話したら信用を失います。今回の件もお察しくださいませ』

　X師の仕事への誇りが伝わってきた。同時に、違和感も覚えた。《栗城さんは占い師から「婚約者とつきあっていたら、絶対山で死ぬよ」と言われたという。だが、こんな丁寧なメールを返す人がそんな乱暴な言い方をするだろうか？》と。

　それ以上に不思議に思うことがあった。

「口外できない。察してほしい」と書く一方で、メールの最後に「東京に来られる際はご連絡ください」と自分の携帯電話の番号を記していたのだ。

　矛盾している。

《X師は何か複雑な思いを抱えているのではないか？》

……緊張を覚えながら私はその番号にダイヤルした。

会うまでに二カ月かかった。X師は鑑定の予約が数カ月待ちと多忙だった。

「ノブさんと呼んでいました」

X師はそう言うと、柔和な笑みを見せた。

「メールをいただいて、初めはスルーしてしまおうと思いました。でも返信してしまった。長くこの仕事をしてきて初めてです」

　スルーできなかった栗城さんへの「ひっかかり」が、やはりあるのだ。

栗城さんとのつきあいがいつごろ始まったか、Ｘ師は明言を避けた。しかし遅くとも二〇〇九年の終わりごろには、彼を占っていたと推察された。その年の暮れに発行された本のタイトル『一歩を越える勇気』――この言葉は、Ｘ師が占いの流れで栗城さんに「紹介した言葉」だという。

「この言葉を本のタイトルに使わせてください、という断りはあったんですか？」

「ありません。それを悪いというふうには思わない方です」

思い当たることがあって、私は頷いた。

Ｘ師は、元婚約者Ａさんとのことは「占っていない」と明言した。

「仮にその女性との相性が悪かったとしても、愛情運を上げる方法はあるんです、部屋のレイアウトを変えるとか、いろいろと。それに『絶対』という言葉、他の占い師さんはお使いになるのかもしれませんが、この世に絶対などありません。近い言葉があるとすれば、それは『努力』だと私は思っています」

二〇〇九年から二〇一〇年ごろ、栗城さんにはＸ師の他にもう一人、信奉する占い師がいた。Ｙ師である。二〇一〇年の二回目のエベレスト挑戦時、「登頂アタック」の判断を仰ごうとしていたのはＹ師だったことが、後になってわかった。その前年の二〇〇九年、栗城さんが占い師の誰かに「Ａさんと別れなさい」と言われたのが事実であり、それがＸ師ではないとすれば、言葉の主はY師だったと思われる。相談していた期間はX師ほど長くはないが、栗城さんに影響を与えた人物である。私はY師に対しても取材を繰り返し申し込んだ。しかし、応じてはもらえなかった。


X師との面会に戻る。

栗城さんには東京に出た後、交際した女性がいた。X師は、彼女とのことでは何度も相談を受けたそうだ。結婚は考えていなかったのだろうか？

「恋愛の過程には惹かれるけど、いざ結婚となったら、どうしても不安になるそうです。結婚して子どもができたら、守っていかなきゃいけない、お金を稼がなければならない、その子を幸せにする自信がない、って話していました」

もう一つ、栗城さんには結婚できない理由があった。

「長生きなんかしたくない、って。生きるって何だろう？　何のために生きてるんだろう？　生きる意味がわからない、って。怖いみたいですよ、生きるのが」

「生きるのが怖いって、本人がそう言ったんですか？」

X師は「はい」と頷いた。

栗城さんはX師の前でも、突然怒り出したり、急に泣き出すことがあったという。

X師が、逆に私に尋ねた。

「どういうことを知りたいんですか?」

「彼が指を失っても登り続けた理由が知りたいんです。それと山を下りた後、どんな人生を送りたかったのかを」

X師は小さく頷いた。少し間を置いて、まず彼の適性について論じた。

「占いでも出ていますが、一般のサラリーマンは合わない方です。人と同じ仕事をするのが嫌いな方、しばられたくない、上からものを言われると怒る、自分のペースを崩されると本当に露骨に不服になる方です。わがままって言えばわがまま。文系も理系も合わない。そういうノブさんに、できる仕事は限られています」

「登山家は、彼に向いていたんでしょうか?」

「サラリーマンよりは、としか答えようがありません」とX師は苦笑した。

「ボクはエベレストに登頂できますか? って聞かれたことはないんですか?」

「仮に尋ねられたとしたら、私ははっきり言います。『難しい』って。統計上そう出ています。ただ、あの方は性格的に、統計学とか気にしない方でした」

栗城さんは著書に、『成功する確率。それがなんの役に立ちますか?』と書いている(『NO LIMIT』)。その彼が「占いは統計学」と話すX師のもとに足しげく通っていた。人間は整合性のない生き物だ、特に彼という人間は……。

「本人は登れると信じていたんでしょうか?」

「怖いという気持ちはあったようです。ただ、『次は登ってほしい』って周りから言われると、期待に応えたいとも思っていたはずです」

それに……とＸ師は付け加えた。

「彼は小さいころから何かを達成したことがない方です。『そんな自分でも、指を失くしていても、これだけのことができたんだよ。だからあなたにもきっとできるよ』って若い人を元気付けたかったんじゃないでしょうか？　そこはぶれなかったと思います」

私がずっと疑問に思っていたのは、まさにそこだった。もし人々を勇気付けたいのであれば、ノーマルルートを行けばいいのだ。登頂を成し遂げれば、十分すぎるほどの感動を与えられる。

わざわざ難しいルートを選ぶ理由がわからない。登る前から諦めている、登れなかったときの言い訳を用意しているとしか思えないのだ……。この疑問をＸ師に伝えると、

「注目を浴びたいという気持ちもあったと思いますが、『挑戦が難しいほうがモチベーションも上がって、むしろ達成しやすい』とノブさんが話していた記憶があります」

難度が高くなる分モチベーションが上がる、までは何とかわかるが、むしろ達成しやすい、は理解不能だ。

一方で栗城さんは、Ｘ師にこうも語っていた。

「山で死ぬことが一つの目標とか、そんな言葉も聞いたことがあります」

死……。

X師が口にしたこの言葉は、私の思考回路の中で別の言葉とつながった。

「モチベーション」と彼が言ったのは、「死」に対してのモチベーションだったのではないか？

……それならかろうじて理屈が通る気がした。

《どうせ死ぬなら、しょぼい登り方で死ぬより、困難な挑戦のさなかに死んだ方がかっこいい》

瞬時思いを巡らせていると、X師は突然、

「恐山《おそれざん》の話、聞いていませんか？」

意外な「山」の話が飛び出して、私は面食らった。そこは、登る山、ではないはずだ。

「ノブさん、恐山に足を運んだみたいです。時期ははっきり言いませんでしたが……。だいぶ、お母さん子、だったみたいですね」

青森の恐山といえば、イタコの口寄せ、である。「かか様」とも「オカミサン」とも呼ばれるイタコに、栗城さんは会いに行ったという。亡き母親を降霊してもらうために……。


私は後日、確認した。栗城さんが訪ねたイタコは、松田広子さんである。ご本人の許可を得て実名で書く。「登山家の男性には会ったが、名前までは記憶にない」と話す松田さんに、栗城さんのホームページの写真を見てもらった。「間違いない」という。

現在活動する伝統的なイタコは六人しかいない。その最年少、一九七二年生まれの松田さんは、「最後のイタコ」とも呼ばれている。栗城さんと会った場所は恐山ではない。一年のうちイタコが山に入るのは、七月の「恐山大祭《たいさい》」と十月の「恐山秋詣《あきまい》り」の、合わせて八日だけだ。八戸市内にある松田さんの自宅で口寄せをした。

　松田さんの口寄せは年間一千件以上に及ぶ。残念ながら栗城さんが相談に来た時期、降霊させた母親の言葉などは覚えていないと言う。ただ、口寄せの後、彼との会話の中で出た言葉は断片的だが記憶に留めている。「お母さんに助けられていた」「難しいコース（筆者注・『ルート』のことだろう）を登るつもりでいる」と話したそうだ。

　母親の民子さんは松田さんの口を借りて、わが子に何と言ったのだろうか？

「こっちにおいで」とは言わなかったはずだ、母親ならそんなことは望まない……。

　X師は、イタコに会ったことを栗城さんがどのように話していたかは教えてくれなかった。代わりにこんな話をした。

「ノブさんは家で食べるご飯の話をよくしていました。冷やし中華をみんなで食べるのが好きだった、うちの冷やし中華は薄焼き卵が大きい、キュウリがおいしい……。家族で過ごす時間がまた戻ってこないかなあ、って。お母さんのこと、家族のことが本当に好きだったみたいですね」

　民子さんが亡くなったのは、栗城さんが十七歳のときだ。

「時間が何年経っていようが、心からは消えないのでしょう。他の相談者にもそういう方はいらっしゃいます。山って、宗教では神と見たり、母と見たりするんですけど、突き詰めれば、お母さんに会うために登っていたのではないでしょうか？」

エベレストは、チベット語で「チョモランマ（大地の母神）」。一方、ネパール語では「サガルマータ（世界の頂上）」。「母」とも「頂上」とも呼ばれる山の、そのまた上に、栗城さんの母親はいる。会うためには、栗城さん自身も同じ世界まで昇っていかなくてはならない。栗城さんはまだ三十代……早すぎはしないか？　私はX師に尋ねた。

「山を下りて次の人生を生きよう、とは考えられなかったんでしょうか？」

彼の会社「たお」の商業登記簿には、十九もの「事業目的」が列記されてあったはずだ。

「むしろ次の人生が始まるのが、怖かったのではないでしょうか？　何をしていいかわからない、どう生きればいいのか見えてこない、歳を取ってまで生きたくない……いつ死ねるんだろう？　いつ死ねるんだろう？　って何度も口にしていました」

「栗城さんがそう言うようになったのは、いつごろからですか？」

X師は少し考えて、「手術をしたころから、少しずつ」と答えた。

そのころから栗城さんは表情も変わったという。

「だんだん目が吊り上がっていった印象があります。私には小学二年生のときから仲良しだった友人がいたんですが、十八歳のときに自殺したんです。自殺する当日も私は一緒にいて、会話とかも普段通りだったんですけど、別れた後で命を絶ちました……。振り返れば、会うたびに目が吊り上がっていったな、って。

ノブさんも指を手術した後、そうなりました。特に顕著だったのは、亡くなる三年ぐらい前からです」

亡くなる三年前……二〇一五年、ネットが炎上した年だ。

「『指を失くしたら人生は終わり。死に場所を探してる』って言うようになりました。『何か思い切り無茶をして死にたい』みたいな言葉も聞いたことがあります」

私が取材したころの栗城さんは、動きを止めたら死ぬマグロのように躍動していた。自分には何でもできるという「全能感」さえ感じさせた。しかしそれは、エベレストの大きさを知る前の、彼だ。

挑むたびに跳ね返された。指を凍傷で失った。「否定の壁」に取り囲まれた。資金も尽き、体力も気力も衰えてきた。山を劇場に変える力が自分にはなくなっていく。

そんな栗城さんの胸に、潜在的にあった母への思慕が募っていった……そして遂には、母と同じ場所に行きたくなった……。

私が次の質問を探しあぐねているのを見て取ったのか、X師がゆっくりと口を開いた。

「最期の日、ノブさんは死のうと思っていた……私はそう思います。でも、途中で怖くなったんでしょうね。死に切れずに下りようとした。ノブさんの性格からすれば」

ＢＣに無線で訴えた、今まで感じたことのない吐き気……あれは体調不良だけではなく、思い切り無茶をして死にたいと思いながらも死に切れない、という極度のストレスが招いたものでもあったのだろうか……。

栗城さんは、心身に蓄積されていくストレスに耐え切れなくなって山を下り始めた。おそらくは集中力を欠いていただろう。

そして……足を滑らせた……。


Ｘ師は、私をまっすぐに見ていた。そして、

「ノブさんが帰り際、私に最後に言った言葉は、『今まで長い間ありがとうございました。ボクはもうここには戻ってきません』という言葉でした」

Ｘ師がそう語った瞬間、私たちが向き合う一メートル半ほどの間だけ、空気が他と変わった気がした。

この言葉こそＸ師が私に一番伝えたかったこと、迷った末に私のメールに返信してしまった「栗城さんへのひっかかり」なのだ……今も脳裏を離れないのだろう……。

言葉が出てこなかった。私はＸ師に頷きだけを返した。Ｘ師の頬がわずかに緩み、空気が元に戻ったと感じた。

「そういうのを思い出したら、私も泣きそうになりますよ。ショックでしたね、最後に、もう

会えないと言われたのは。ああ、死にに行くんだ……天国に一番近いところで、お母さんの近くで死にたいんだって……」

　ネット登山家は、人々に夢を語りながら、自身は死を望んでいた……。

　本当の「デス・ゾーン」は、栗城さんの中にあった。

　栗城さんが亡くなった二〇一八年五月二十一日、Ｘ師は鑑定客を入れていなかった。

「そのあたりできっと生中継になるだろうと、何日間か空けていました、見ようと思って。気になっていたので……」

　栗城さんの中継が放送されることはなかった。永遠になくなった。

「私、ネットで『死んで当たり前だった』とかそういう記事を目にしまして、『人が死んだのに何でそんなこと言えるんだろう？』って。彼は純粋に人に喜んでもらいたいという思いで登っていました。そこだけはぶれませんでした。誤解を与えやすい面はあるんですけど、悪気があるわけではない。それだけはわかってあげてほしいんです」

　私は玄関口で靴を履くと、Ｘ師の方を振り返った。

　栗城さんが最後にここを訪れ、そして去っていくとき、Ｘ師はいつも通り玄関口で見送った。

　今の私と同じ位置で、栗城さんはＸ師に頭を下げ、そして告げたのだ……。

「ボクはもうここには戻ってきません」と。

《彼の性格上、どんなに制止しても聞かないだろう。だが、山に行ったら気が変わるかもしれない》

……X師には微かな期待もあったという。

「また来てくださいね……待っていますよ……と、最後に、ノブさんに、言いました」

ほんのわずかだが、X師は湿り声だった。

「ありがとうございました。失礼します」

私はX師に頭を下げた。

外に出てドアを閉めたとたん、私は急にひとりぼっちになった気がした。

BCのテントでこっそり酸素を吸う、栗城さんの姿……。

私は撮りたかった。強くそう思う。

おそらくそれは、人間の弱さや人生の儚さを教える「厳かな」、十年にわたるひたむきな苦闘を包み込む「温かな」、あるいは子どもの頬を伝う涙を指で拭う母のように「優しい」……名ラストシーンになっただろう。

栗城さんには、『エベレスト劇場』を名作に仕上げる力はなかった。登山家としても、表現者としても……。

だが、この無力さこそ「栗城史多」の最大の魅力だった。

栗城さんが掲げた、単独無酸素でのエベレスト登頂。

私はこの原稿に取りかかるまでは、こう考えていた――。

彼の登山はギリギリ無酸素と表現できたとしても、単独と呼べるものでは断じてない、と。

今は、逆だ。

栗城さんの登山は無酸素ではなかった。

だが、彼の人生は、天を突くエベレストの真っ白な頂のように「単独」だった。

あとがき

栗城さんはタイガーマスクに憧れていたのかもしれない。

大学時代空手部だったのに突然ＤＪサークルの集まりに現れてバックスピンを決めたときも、オセアニア最高峰カルステンツ・ピラミッドに登頂後、新千歳空港で出迎えた支援者の声援に応えたときも、彼はタイガーマスクの覆面を被っていた。

タイガーマスクは自分が育った孤児院の窮状を救うためにリングに上がった。孤児院の子どもたちの間では、「キザにいちゃん」で通っている。そのにいちゃんが有名な覆面レスラーであることを、子どもたちは知らない。

栗城さんの死後、その足どりを辿りながら、私は彼とタイガーマスクの話をしなかったことを少し悔いた。「実像」と「虚像」、「素顔」と「覆面」……彼の関係者に取材を重ねるうちに、私はそんなことを考えるようになっていたからだ。果ては、栗城さんがタイガーマスクの覆面を被ってエベレストに挑んでいる姿まで空想した。「無酸素にマスクはきつすぎるよ」とギャグをかましていた。

覆面レスラーはマスクを被った瞬間、別人に変身する。「強い別人」になる。

栗城さんはタイガーマスクの覆面を被って、エベレストに登っていたのではないか？

いや、栗城さんは「栗城史多」という覆面を被って生きたのではないか？

答えはない。

イギリスの神出鬼没の覆面アーティスト、バンクシーのように生きられたらネット上で誹謗中傷を浴びることもなかったかもしれないが、登山はそれができる世界ではなく、栗城さんもそれを好む人ではなかった。

そしてやっかいなことに人間は、虚と実、表と裏、素顔と覆面というように簡単に分けられるほど単純な存在ではない。覆面も含めてその人の素顔かもしれないし、覆面を被り続けるうちに素顔が変わってくることだってあるだろう。栗城さんは謎のマスクマン（覆面レスラー）で生涯を終えようとしたのかもしれない。

ただ一つ確かなことは、私自身の変化である。この原稿を書く過程で、私自身の栗城観は大きく変わった。そのことを彼に感謝している。

彼の「エベレスト劇場」を支えたスタッフの一人は、私の取材を断る丁重なメールの中に「私は私の中の栗城を大事にしていきたいと思います」と書いていた。その思いを、いつの日にか自分の言葉で語ってほしい。今後、異なる視点で描かれた、ありきたりではない栗城像や栗城論が発表されていくことを私は願っている。

一方で、書く前から私が自覚していたことがある。この原稿が世に出ることで辛い思いをする人がいるかもしれない、ということだ。取材を進めるうちに、その思いはますます強くなった。覆面レスラーのマスクを対戦相手が剝ぐことは、プロレスの世界では卑劣な「反則」だとされている。しかし、事実を積み上げて人間や社会を描くことが、私の仕事であり、私の上がるリングである。

「栗城史多を死に追いやったもの」を問う過程で、彼自身の迷いや苦悩が浮かびあがってきた。公表されている〝事実〟と私が調べたこととの間に齟齬《そご》もあった。慎重にではあるが、プライバシーにも言及した。それらについて描写したことが反則か否か、その判定はレフェリーである読者の皆さんに委ねたいと考えている。

願わくは、天国の彼が「バレちゃいました？」と微笑んでくれますことを。

森下亮太郎さんや児玉毅さんら栗城さんの先輩や友人、和田忠久教授や亀谷和弘さんなど大学時代の彼と関わった方、幼馴染の齊下英樹さんと森聡先生、石崎道裕さんや黒木安馬さんといった応援団、斉藤勤さんや佐藤信二さんなど山を愛する人たち、ボチボチトレックの関係者、それぞれの抱える事情から匿名でしか語れなかった人たちも含め、多くの方の証言が栗城像を多角的に浮かび上がらせてくれた。日本ヒマラヤ協会の大内倫文さんには、本書の登山に関する記述の監修もお願いした。脳神経外科医の越前谷幸平さんほか、栄養学や心理学の専門家にも助言をいただいた。そのほか栗城さんが三十五年の短い生涯を閉じるまでの間に彼と接した多くの方々、ファンもアンチも含めて彼のことをネットに綴った人々。紙幅の関係で貴重な証言を割愛せざるを得なかった方も少なくない。皆さんの栗城さんへの思いが、私にこの本を書かせてくれた。

また、拙稿と粘り強く向き合い、数え切れないほどの示唆を与えてくれた編集者の長谷川順さんをはじめ集英社の皆さん。栗城さんと親交があり、選考会後に取材に応じていただいた茂木健一郎さん。および「開高健ノンフィクション賞」選考委員の皆さん。多くの方たちと「栗城史多の人生」を共有した結果、この本は出来上がった。

心から御礼を申し上げたい。

二〇二〇年十月

河野　啓

第十八回開高健ノンフィクション賞 受賞作

河野 啓（こうの さとし）

1963年愛媛県生まれ。北海道大学法学部卒業。1987年北海道放送入社。ディレクターとして、ドキュメンタリー、ドラマ、情報番組などを制作。高校中退者や不登校の生徒を受け入れる北星学園余市高校を取材したシリーズ番組（『学校とは何か?』〈放送文化基金賞本賞〉、『ツッパリ教師の卒業式』〈日本民間放送連盟賞〉など）を担当。著書に『よみがえる高校』（集英社）、『北緯43度の雪 もうひとつの中国とオリンピック』（小学館。第18回小学館ノンフィクション大賞、第23回ミズノスポーツライター賞優秀賞）。

装丁&本文デザイン　國吉 卓

デス・ゾーン

栗《くり》城《き》史多《のぶかず》のエベレスト劇場《げきじょう》

2020年11月30日　第1刷発行
2021年 8 月 9 日　第6刷発行

著　者　河野《こうの》 啓《さとし》
発行者　樋口尚也
発行所　株式会社 集英社
〒101-8050　東京都千代田区一ツ橋2-5-10
電　話　編集部　03-3230-6141
読者係　03-3230-6080
販売部　03-3230-6393（書店専用）
印刷所　凸版印刷株式会社
製本所　株式会社ブックアート

ISBN978-4-08-781695-2 C0095